거짓 정보로부터 나를 지키는
미디어 리터러시

십 대의 똑똑한 미디어생활을 위한 20가지 수업

청어람미디어

똑똑한 미디어 생활을 위한 20가지 수업

1판 1쇄 펴낸날 2024년 3월 8일
1판 2쇄 찍은날 2025년 4월 14일
지은이 윤선희
펴낸이 정종호
펴낸곳 (주)청어람미디어
편집 홍선영
디자인 안성민
마케팅 강유은
제작·관리 정수진
인쇄·제본 (주)성신미디어
등록 1998년 12월 8일 제22-1469호
주소 04045 서울시 마포구 양화로 56, 1122호
전화 02-3143-4006~4008
팩스 02-3143-4003
이메일 chungaram_e@naver.com
홈페이지 www.chungarammedia.com
인스타그램 www.instagram.com/chungaram_media
ISBN 979-11-5871-245-7 73070

잘못된 책은 구입하신 서점에서 바꾸어 드립니다.
값은 뒤표지에 있습니다.

거짓 정보로부터 나를 지키는
미디어 리터러시

십 대의

똑똑한 미디어생활을 위한 20가지 수업

윤선희 지음

들어가는 말

　우리 생활에서 미디어가 없다는 것은 매우 상상하기 힘들어요. 미디어를 통해 날마다 새로운 이야기가 세상에 나와요. 그중에 어떤 일들은 알지 못해도 상관없기도 하지만 반드시 알고 톺아 봐야 하는 일들도 있답니다.
　이 책에서 다루는 미디어 리터러시가 바로 그런 걸 말해요. 미디어 리터러시라고 하니 갑자기 어렵게 느껴지나요? 그런 친구들과 미디어나 미디어 리터러시를 배우고 싶은 친구들, 궁금해하는 친구들을 위해 이 책을 쓴 거랍니다. 이 책은 우리의 일상과 매우 밀접한 관련이 있을 뿐 아니라 아주 유용할 거예요. 미디어를 슬기롭게 활용하는 법을 안다는 건 사회를 잘 이해하고 여러분 스스로 주인으로 살아가는 데 중요한 역할을 하거든요. 물건을 잘 사용하기 위해 설명서가 있으면 도움이 되는 것처럼, 우리가 미처 모르고 지나칠 뻔한 기능을 값어치 있게 사용할 수 있도록 꼭 알아야 할 내용을 모아

한 권에 알차게 담았어요. 그러니까 이 책은 미디어나 미디어 리터러시 관련 설명서 같은 책이랍니다.

 이해하지 못할까 봐 걱정할 필요 없어요. 이 책은 아무런 준비 없이 가볍게 읽기만 하면 돼요. 그냥 훑어 읽는 것만으로도 미디어 리터러시 지식을 쌓을 수 있고 궁금했던 것들에 대한 답을 찾을 수 있을 거예요. 천천히 앞에서부터 읽는 게 가장 좋은 읽기 방법이지만 앞뒤 순서 없이 궁금한 내용을 먼저 찾아 읽어도 좋아요.

 물론 이 책 한 권으로 미디어 리터러시의 모든 것을 다 알 수는 없을 거예요. 그래도 이 책을 읽기 전과 후는 확실히 다를 거예요. 미디어를 건강하게 사용하고, 현명하게 즐기고 싶어 하는 여러분의 기초 체력이 튼튼해질 거예요. 자, 이제 우리 함께 미디어 세상으로 들어가 볼까요?

2024년 3월 윤선희

차례

들어가는 말 4

제1장 소통을 위한 미디어 제대로 알기 8

제2장 미디어 세계로 출발! 18
01 뭐야? 게이트 키퍼가 문을 열어 준다고? 22
02 흥미진진한 콘텐츠의 세계 26
03 댓글이 이럴 줄이야! 30
04 창작자 모드 ON 34
05 미디어는 살아 있다 38
　활동　잘 알고 잘 쓰기 42
　　　　나의 첫 번째 1인 미디어 프로젝트 43

제3장 미디어는 힘이 있다! 44
06 세상의 새로운 이야기 48
07 나보다 나를 더 잘 안다고? 52
08 혹시 카페인 우울증인가요? 56
09 하루아침에 만들어지는 게 아니라고? 60
10 광고, 보지만 말고 제대로 읽자! 64
　활동　나만의 뉴스 기록하기 68
　　　　나를 표현하다! – 이미지 광고 만들기 ... 69

제 4 장 진실의 문아 열려라! ······ 70
11 가짜 뉴스? 허위 조작 정보? ······ 74
12 사실을 찾아 확인하라 ······ 78
13 이런 세상이 온다면 OMG! ······ 82
14 마법 같은 디지털 세상 ······ 86
15 내 정보는 내가 지킨다 ······ 90
- 활동 나도 팩트 체커! ······ 94
  초성을 보고 단어를 맞혀라! ······ 95

제 5 장 지혜로운 미디어 생활을 위하여! ······ 96
16 기계랑 대화하는 세상 ······ 100
17 모든 것에는 등급이 있다 ······ 104
18 게임도 공부라고? ······ 108
19 뭣이 중헌디? 최신 유행이라고? ······ 112
20 예절 마스터, 저작권 ······ 116
- 활동 나의 게임을 소개해 줄게! ······ 120
  나도 저작권자가 될 테야! ······ 121

e 부록 ······ 122
댓글 예절을 지켜요 | 이런 것도 궁금해요

제 1 장

소통을 위한 미디어 제대로 **알기**

만약 미디어가 없다면?

상황1 친구와 만나기로 한 혜성이는 신나게 약속 장소로 가다가 이것이 주머니에 없는 것을 알고 집으로 헐레벌떡 달려갔다.

상황2 이걸 안 가지고 나와서 갑자기 약속 장소가 변경된 걸 몰라 고생했다.

상황3 이걸 안 가지고 와서 표를 다시 예매했다.

위의 상황에서 '이것', '이걸'에 해당하는 것은 무엇일까요?

정답은 스마트폰이에요. 여러분은 이 책의 제목을 보면서 왠지 모르게 스마트폰 이야기가 나올 거라고 예상했나요? '미디어' 하면 스마트폰을 떠올리는 친구들이 많아요. 통계에 의하면 스마트폰의 보급률이 2022년 97퍼센트라고 하니 우리가 가장 친숙하게 사용하는 미디어가 맞기도 하답니다.

이런 '미디어'가 없다면 어떻게 될까요? 미디어가 없는 세상을 상상할 수 있나요? 미디어는 이제 공기나 물처럼 우리 생활에서 필수적이죠. 코로나19 시기에 온라인으로 수업을 듣고, 재택근무를 하고, 재난 문자로 전 국민에게 위험을 알리는 이런 일들은 미디어가 없었으면 힘들었을 거예요.

그러나 미디어가 무엇인지 누군가 묻는다면 대답할 수 있나요? 아마도 "글쎄…"라거나, "그, 그거 있잖아, 텔레비전, 라디오, 신문… 뭐 그런 거?"라고 답할 거예요. 따로 배워 본 적도 없고, 물이나 공기처럼 너무나 친숙해 미디어가 무엇인지 생각해 볼 필요를 못 느꼈을 테니까요. 그러니 정확한 답을 하지 못하는 게 어쩌면 당연하답니다.

미디어는 '가운데' 혹은 '사이에'라는

미디어 media

미디어는 라틴어 medius에서 유래된 말이에요. medius는 '가운데', '사이에'라는 뜻이에요. 영어 medium 또는 middle과 비슷해요.

영어 단어와 비슷한 뜻이에요. 좀 더 설명하면 미디어는 발신자와 수신자 사이에 있는 매개체예요. 매개체란 둘 사이에서(가운데서) 뭔가를 연결하는 것을 말해요. 전화 통화를 하는 상황을 떠올려 보면 쉽게 이해할 수 있어요. 여러분이 전화를 걸면(발신자) 친구가 전화를 받고(수신자), 여러분과 친구가 대화할 수 있도록 중간에(사이에) 전화기(매개체, 미디어)가 있어요. 바로 그런 거예요. 이제 미디어를 이해할 때 중간이라는 말의 의미를 알 수 있겠죠?!

  그렇다면 지금 여러분과 저 사이에는 어떤 미디어가 있을까요? 맞아요! 지금 읽고 있는 책도 미디어지요. 책도 작가(발신자)가 자신이 알고 있는 것(정보) 혹은 생각하고 있는 것(의견, 주장, 감정 등)을 독자(수신자)에게 전달하기 위해 사용하는 커뮤니케이션(정보전달, 의사소통) 도구랍니다.

낫 놓고 기역 자도 모를 뻔했다니

 자, 이제 미디어의 뜻을 알게 되었다면 주위를 둘러보세요. 지금 있는 장소에서 미디어가 몇 개나 보이나요? 텔레비전, 컴퓨터, 책, 스피커, 신문, 그림, 간판 등 아마도 미디어가 없는 장소를 찾기가 쉽지 않을 거예요. 공원이나 골목, 편의점 같은 곳도 CCTV와 스피커가 있어요. 이처럼 현대 사회에서 미디어는 생활에 없어서는 안 되는 필수재라고 할 수 있어요.

 그런데 이런 미디어는 아쉽게도 좋은 기능만 있지는 않아요. 사용하는 사람에 따라서 나쁜 의도로 사용되기도 하니까요. 예를 들면 허위 조작 정보, 개인정보 유출 그리고 과몰입 등이 그렇답니다.

 새로운 미디어들이 계속 나오고 있어요. 우리는 그에 맞춰 사용법도 새로 배워야 해요. 그리고 미디어를 올바르게 이해하고 활용하는 능력을 키우기 위해 미디어 리터러시도 배워야 해요.

 잠깐, 미디어의 뜻은 이제 알겠는데, 리터러시라는 말은 또 무슨 뜻일까요?

미디어 리터러시
media literacy

미디어 문해력이라고도 해요. 글을 읽고, 쓸 수 있는 것처럼 미디어를 읽고, 쓸 수 있다는 뜻이에요. 잘 활용할 수 있는 능력도 포함해요.

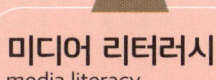

리터러시를 우리말로 문해력, 즉 '글을 읽고 이해하는 능력'이라고 할 수 있어요. 여기서 읽는다는 말은 단순하게 글자를 읽을 수 있다는 의미만은 아니에요. 문해력이 있다는 건 글이 어떤 이야기를 하는지 이해하는 것이고, 내 생각이나 감정 등을 글로 표현할 수 있다는 것도 포함돼요.

  미디어 리터러시도 마찬가지예요. 미디어에 어렵지 않게 접근해서 다룰 수 있고, 미디어 안에 있는 내용을 읽고, 거짓인지 진실인지 구별할 수도 있고, 생활에서 불편하지 않도록 여러모로 유용하게 쓸 수 있다는 말이랍니다.

  유튜버가 하는 말이 진짜인지 거짓인지 모른다면, 친구가

억울한 일을 당해서 도와주고 싶은데 영상 만드는 방법을 모
른다면, 친구가 허락도 없이 내 얼굴 사진을 자기 개인 계정에
올렸다면… 등등 이런 상황에 처한다면 여러분은 어떻게 해
야 할까요? 미디어 리터러시를 배운다면 이런 궁금증이나 답
답함에 도움이 될 거예요. 이것 말고도 글을 모르면 세상을
살아가는 데 많은 불편이 있는 것처럼 미디어 리터러시를 배우
지 않는다는 것은 또 다른 형태의 현대 문맹이 되는 거랍니다.

이걸 모르면 손해라고?

학생들의 희망 직업을 조사했는데 유튜버나 크리에이터처
럼 영상 콘텐츠를 제작하는 일이 5위 안에 들었다고 해요. 연
예인들처럼 멋져 보이기도 하고, 자신이 좋아하는 일을 하면
서 많은 수입을 얻을 수 있다고 생각하기 때문인가 봐요. 혹
시 여러분 중에서도 그런 직업을 희망하는 사람이 있을지도
모르겠네요. 1인 미디어 시대에는 마치 방송국을 하나 가진
것처럼 누구나 개인 채널을 만들고 자신이 원하는 바를 각자
의 개성대로 콘텐츠로 표현할 수 있어요. 예전에는 대중(많은

사람)들에게 하고 싶은 말이 있어도 언론(텔레비전, 신문 등)을 통하지 않으면 힘들었지만, 이제는 누구나 쉽게 자신의 채널(방송국)을 가질 수 있게 된 거예요.

그렇다면 요즘 같은 1인 미디어 시대에 어떤 능력이 필요할까요? 영상 제작 도구를 잘 다루어 영상미를 높이는 기술력일까요? 구독자를 늘릴 수 있는 홍보력일까요? 아니면 어떤 게 좋은 내용인지 구분하고 선택해 알릴 수 있는 미디어 리터러시 능력일까요? 이 중 가장 중요한 능력은 이 모든 것을 포함하는 미디어 리터러시 능력이에요. 만약 여러분이 어떤 채널의 구독자로서 좋은 내용이 아닌 허위 정보나 혐오스러운 정보를 보게 된다면 어때요? 화도 나고 심지어 채널 구독을 바로 끊기도 할 거예요. 그래서 요즘은 크리에이터가 되기 전에 미디어 리터러시 교육을 받기도 한답니다. 제대로 알아야 오랫동안 사랑받고 많은 사람에게 좋은 영향을 주는 채널을 만들 수 있으니까요.

우리는 하루가 24시간이라고 알고 있어요. 절대 바뀔 수 없는 자연의 법칙이죠. 그러나 요즘은 모두에게 하루가 24시간인 것은 아니랍니다. 일상에 미디어가 시간을 더해 주고 있기 때문이에요. 등굣길에 이어폰을 끼고 음악을 들으면 걷기 한 시간에 음악 듣기 한 시간이 추가되죠. 혼자 밥 먹을 때 좋아하는 영상을 보면 밥 먹는 시간 삼십 분에 영상을 본 삼십 분이 추가된답니다. 이렇게 덤처럼 얻어지는 시간에 미디어를 지혜롭게 사용하지 않는다면 정말 손해가 아닐까요?

 미디어는 즐거움을 주는 것만이 아니라 새로운 정보를 접할 수 있고, 누군가에게 내가 가진 정보를 줄 수 있는 통로이기도 해요. 또 사람과 사람, 사람과 콘텐츠, 사람과 기계, 기계와 기계 사이에서 많은 것을 전달하는 역할을 해요. 그러니 미디어 리터러시를 모른다면 손해가 아닐까요?

제 2 장

미디어 세계로 **출발!**

#게이트키핑 #게이트키퍼 #취사선택 #다양한관점 #신문1면비교
#콘텐츠 #업로드 #나쁜콘텐츠 #영향 #긍정적인효과 #연계편성
#댓글 #의견 #쌍방향 #소통 #지식공유 #악플 #선플 #사이버불링 #댓글예절 #악플없는날
#생비자 #생산자 #소비자 #신조어 #1인미디어시대 #디지털미디어 #자기표현능력
#미디어생태계 #상호작용 #뉴미디어 #올드미디어

 다온아, 왜 그렇게 기운이 없어?

 어제만 해도 유튜브 구독자 수가 늘어서 좋아했잖아?

 도대체 무슨 일이야?

 (울먹이며) 그게 있잖아….

어제까지도 다온이는 유튜브 구독자 수가 늘고 있어서 좋다고 했어요. 그런데 오늘은 유튜브 콘텐츠에 문제가 있다며 비난하는 댓글들이 달려서 우울해하고 있네요.

리아와 미리는 악플이 있으면 선플도 있을 테니 찾아보기로 했어요. 하지만 선플이 안 보이는 거예요. 1인 미디어 시대에 자기 계정에 자기 맘대로 콘텐츠를 올리는 게 어째서 문제가 되는지, 왜 비난하는지 다온이는 이해되지 않아 속상했어요.

 그러면 우리 함께 회의해서 콘텐츠 주제를 선정해 올리는 건 어떨까? 아무래도 여럿이 의견을 모으면 문제점도 찾을 수 있을 거 같은데, 안 그래?

 그거 우리 비슷한 거 배운 거 같은데…, 뭐였지?

 게이트 키핑!

미리와 리아, 다온이는 함께 영상 만드는 방법을 배우면서 게이트 키핑과 생비자 등에 관해서도 알게 되었어요. 평소 유튜버가 되고 싶기도 해서 미디어를 보기만 하는 게 아니라 생산자도 되어 볼까 생각 중이었어요. 그런데 부지런한 다온이가 먼저 시작했던 거예요. 그리고 이런 문제가 생긴 거예요.

- 좋은 생각인 거 같아. 나 혼자 하다 보니 내 마음에만 드는 콘텐츠를 만들게 되는 거 같거든. 너희가 도와준다면 이런 악플이 달리지 않을 거 같아.
- 좋아. 그럼, 이따 밤 9시에 보자.
- 밤 9시? 나 그렇게 늦게는 못 나가!
- 뭔 소리야? 줌에서 보자는 거잖아. 디지털 미디어 시대라고!
- 좋아. 우리 이따가 밤에 만나서 콘텐츠 회의하자.
- 알았어. 9시에 줌에서 화상으로 만나자!

자, 여러분이 다온이 친구라면 어떤 콘텐츠를 추천해 주고 싶은가요?

뭐야? 게이트 키퍼가 문을 열어 준다고?

하루 동안 기자들이 취재하는 뉴스의 양은 엄청 많답니다. 그렇지만 기자들이 취재한 모든 것이 우리가 접할 수 있는 뉴스가 되지는 않아요. 왜 그럴까요? 어째서 어떤 것을 뉴스가 되고, 어떤 것은 뉴스가 되지 않을까요? 이유는 '게이트 키핑' 때문이랍니다.

게이트 키핑이란 뉴스를 선택하는(고르는) 과정을 말해요.

어떤 뉴스는 방송이나 신문에서 볼 수 있게 선택하고 어떤 뉴스는 제외하는 과정이에요. 신문으로 말하면 어떤 뉴스는 신문에 실리고, 어떤 뉴스는 실리지 않게 선택하는 거예요.

이런 과정이 마치 문지기가 문을 닫거나, 열어 주는 것과 비슷해서 붙여졌어요. 문지기는 영어로 게이트 키퍼(gate keeper), 즉 '게이트(문) + 키퍼(지키는 사람)'예요.

> **게이트 키핑**
> gate keeping
>
> 뉴스 소재를 취사선택하는 과정을 말해요. 기사로 실을지 싣지 않을지 걸러내는 이 일은 뉴스 결정권자가 합니다.

여러분이 기자라고 상상해 봐요. 친한 친구가 복도에 쓰레기를 버리는 것을 보았어요. 이걸 학교 신문에 기사로 싣자니 친한 친구가 싫어할 거 같고, 안 내보내자니 기자가 가져야 할 책임에 어긋나는 일이라 고민에 빠질 거예요. 여러분은 기자의 책임을 지키기 위해 친구들이 알 수 있게 신문에 뉴스를 크게 싣는 것을 선택하거나, 반대로 우정을 생각해서 독자들의 눈에 띄지 않는 구석 어딘가에 조그맣게 뉴스를 싣기로 결정할 수도 있어요. 이런 고민의 과정이 바로 게이트 키핑이랍니다. 물론 게이트 키핑의 과정은 혼자서 하는 것은 아니고 게이트 키퍼들과 함께해요.

생각의 폭을 넓히는
핵심 콕 강의

 "가랑비에 옷 젖는 줄 모른다"라는 속담이 있답니다. 가랑비는 아주 가늘게 내려서 처음에는 옷이 젖는 걸 못 느끼지만 계속해서 맞으면 옷이 젖고 만다는 뜻이에요. 사소하고 작은 일이라도 반복된다면 미처 생각하지 못한 큰일이 된다는 것을 비유적으로 이르는 말이죠.

 뉴스 역시 그렇답니다. 읽기만 했을 뿐인데 자신도 모르게 글을 쓴 기자의 생각에 동조하게 될 수 있어요. 실제로도 미디어를 활용해 녹색을 유행하도록 만든 사례가 있다고 하니 만화 같은 상상만은 아니랍니다. 가랑비는 옷을 젖게 하지만 뉴스의 내용은 사람의 생각에 스며들어 읽는 독자들의 생각을 원하는 방향으로 바꿀 수 있답니다.

 게이트 키퍼가 게이트 키핑을 할 땐 어떤 이유나 목적, 기준을 가지고 선택하거나 제외할 거예요. 만약 녹색을 좋아하는 기자가 자신이 좋아하는 색으로 세상이 가득 채워지면 좋겠다는 목적을 가지고 지속해 녹색에 관한 뉴스만을 선택해서 쓴다면 어떤 일이 벌어질까요? 어쩌면 녹색은 뉴스가 나온

그 계절의 유행하는 색이 될지도 몰라요. 광고에 자주 나오는 많은 것이 유행하는 것과 같아요. 그래서 한 매체의 뉴스만을 계속 보는 것은 조심해야 해요. 다양한 관점을 가지기 위해 적어도 두 매체 이상을 선택해서 비교하며 봐야 해요.

친구들과 신문 1면을 한번 비교해 보세요. 인터넷 검색창에 '신문사 1면 보기'라고 치면 종이 신문이나 인터넷 신문을 볼 수 있는 방법이 나와요. 아마도 몇 개만 비교해도 1면에서 다루고 있는 중요 뉴스들이 다름을 알 수 있을 거예요. 어떤 신문사 1면에선 가장 중요한 뉴스로 크게 실린 것이 어떤 신문사에는 조그맣게 실린 기사도 있고, 같은 사건을 부정적인 측면으로 쓴 매체도 있지만 긍정적으로 쓴 매체도 있을 거예요. 그럴 때 우리는 왜 그런지 생각해 봐야 해요.

게이트 키핑에 대해서 안다는 건 우리가 읽고 보는 뉴스들이 있는 그대로가 아니라 여러 단계의 문을 통과하면서 모양이 변형되기도 한다는 것을 아는 거예요. 원래의 모습이 무엇인지 생각해 볼 수 있는 힘을 갖는 거예요.

흥미진진한 콘텐츠의 세계

　어떤 말들은 정확한 뜻을 모르면서도 느낌으로 이해하고 쓰는 말들이 있어요. 그중 하나가 콘텐츠라는 단어인 듯해요. 콘텐츠는 미디어 안에 담겨 있는 모든 내용을 말해요. 우리가 보는 책·인터넷·TV·게임·유튜브 같은 곳에서 볼 수 있는 글·그림·음악·동영상 등을 의미해요. 그래서 보통 콘텐츠라는 말은 '내용'이라는 말로 바꾸어 쓰기도 해요.

하루에도 수많은 글이나 그림, 음악, 동영상 들이 계속해서 나오는 걸 보면 콘텐츠의 양은 무한정인 듯해요. 유튜브의 경우 매분 500시간의 영상이 올라온대요. 하루 동안 올라오는 콘텐츠를 다 보기 위해서는 대략 80년간 봐야 한다고 하네요. 우리는 모든 미디어에 올라오는 이 많은 내용 전부를 볼 수는 없어요. 그래서 콘텐츠를 효율적으로 보기 위해서라도 선택 능력이 필요하답니다.

수많은 콘텐츠 중에서 소비자에게 선택되기 위해서 톡톡 튀는 소재로 흥미를 자극하는 것들도 많아요. 폭력적이거나, 허위 정보, 성적 노출, 혐오 같은 나쁜 영향을 주는 콘텐츠죠. 최근에 여러분에게 많은 영향을 준 것은 무엇인가요? 부모님이나 선생님, 친구의 말일 수도 있지만 어쩌면 어제 본 유튜버가 한 말이나, 페이스북에서 읽은 유머나 뉴스일 수도 있을 거예요. 이런 식으로 매일매일 친숙하게 콘텐츠를 접하기 때문에 크든 작든 다양한 미디어의 콘텐츠가 우리의 생각과 행동에 영향을 준다는 걸 기억해야 해요. 그래서 좋은 콘텐츠 고르는 안목이 필요해요.

콘텐츠 contents

인터넷이나 컴퓨터 통신 등 미디어에 포함된 각종 정보와 문자, 부호, 음성, 음향, 이미지, 영상 등 모든 내용물을 의미해요.

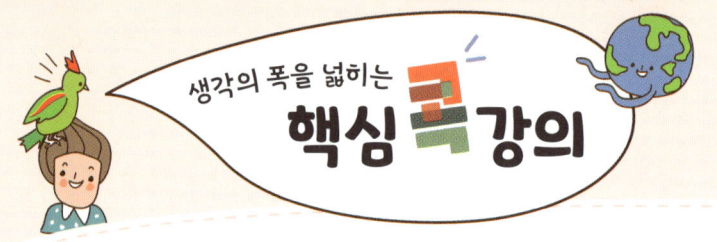

여러분은 어떤 콘텐츠를 좋아하나요? 아마도 각양각색의 대답이 이어질 텐데요, 좋아하는 이유도 종류만큼이나 다양할 거예요.

하지만 정말 그 콘텐츠를 좋아하는 걸까요? 어떤 경우에는 내가 콘텐츠를 선택한 것인지 콘텐츠가 나를 선택한 것인지 헷갈릴 때도 있답니다. 계속해서 쏟아져 나오는 콘텐츠 덕에 지루할 틈 없이 즐겁기도 하지만 나의 취향과 관계없이 보여 주는 그대로를 보고 읽고 있는지도 모르니까요.

우리에게 생각이나 행동하도록 유도하는 것들은 대부분 숨어 있는 목적이 있는 경우가 많답니다. 유익한 정보라고 생각했는데 교묘하게 위장한 광고인 경우도 있어요. 유익한 정보인지 광고인지 판단할 수 있어야 하는데, 사실 그게 쉬운 일은 아니죠. 늦은 밤 광고 모델이 맛있게 먹는 모습과 행복해 보이는 모습에 빠져들어 치킨을 시켜 먹게 되기도 하잖아요. 광고가 우리를 그런 선택을 하도록 만든 거죠.

은밀하게 콘텐츠를 이용하는 방송들도 우리를 화나게 한답

니다. 유진이라는 친구가 H라는 방송에서 똑똑해지려면 ⓐ라는 성분이 들어간 식물을 먹어야 좋다는 내용의 프로그램을 보고 있었어요. 똑똑해지는 식물이라니 당장 먹고 싶어질 거예요. 그런데 채널을 돌리다 보니 홈쇼핑에서 기다렸다는 듯이 ⓐ라는 성분이 들어간 식품을 팔고 있다면? 이런 우연이 있다니 놀랍지 않나요?

　우리는 이럴 때 질문을 던져야 해요. "어떻게 이런 일이 있을 수 있는 거지?", "이게 진짜 우연일까? 믿어도 되나?" 한 방송에서 제공한 정보와 관련된 상품을 비슷한 시간대 홈쇼핑 채널에서 팔도록 방송 프로그램을 계획하는 것을 연계 편성이라고 해요. H방송에서 건강 정보를 보고 매우 유용한 정보라고 신뢰를 갖게 한 다음, 우연인 것처럼 관련 상품을 판매하면 이걸 모르는 소비자들은 그 제품을 사게 되는 거지요.

　그러니 미디어에서 나오는 내용을 볼 때는 정보를 비교해 신뢰성을 확인하고, 연령대에 적절한지, 가치가 있는 정보인지, 누가 이익을 보는지 등을 평가할 수 있어야 한답니다.

댓글이 이럴 줄이야!

 댓글이란 인터넷에 올라오는 글이나 사진, 동영상 등에 자기 생각이나 의견을 적는 것을 말해요. 쪽지를 남기는 것과 같아요. 통계에 의하면 뉴스를 읽을 때 댓글도 함께 읽는 경우가 90퍼센트라고 해요. 열 명이 뉴스를 읽는다면 그중 아홉 명이 댓글을 함께 읽는 것이니 그 영향력이 크겠죠. 이런 댓글은 쌍방향으로 의견을 주고받는 소셜 미디어(social media)

플랫폼의 발전과 함께 나왔어요. 간단하게 누르기만 하면 되는 '좋아요'와 함께 글도 쓸 수 있게 한 거예요.

댓글

인터넷에 올라오는 글이나 사진, 동영상 등에 자기 생각이나 의견을 적는 것을 말해요. 순기능과 역기능을 모두 가지고 있어요.

댓글을 처음 만든 사람들은 다양한 의견을 제시하면서 소통하면 좋겠다고 생각했을 거예요. 사회에서 일어나는 현상이나 문제에 관해 각기 다른 사람들이 어떤 생각을 하는지 의견을 알 수도 있고, 지식이 공유되면서 좋은 방향으로 발전되기도 하니 좋을 거라 기대했을 거예요.

보통 사람들은 자신에게 문제가 생기면 나만 그런가 하는 궁금증에 다른 사람들의 생각을 알고 싶어 하니까요. 이런 게 댓글의 순기능, 다시 말해 좋은 점이죠.

이런 순기능만 있으면 좋겠지만 반대로 역기능, 단점도 있답니다. 남을 헐뜯거나 욕을 하는 악플, 또 거짓 정보로 사람들을 혼란스럽게 해 위험에 빠뜨리는 일도 있어요. 우리가 누군가를 만나 말할 때 예절을 지키듯 댓글을 달 때도 지켜야 할 바른 태도가 있어요. 댓글 예절은 123쪽에 정리해 두었어요. 바른 미디어 생활을 위해 함께 노력해요.

　어떤 댓글을 보고 이해가 되지 않아 본문의 글을 다시 읽어 본 적이 있어요. 분명 본문에서 어떤 일에 반대가 많아서 시행하지 않기로 했다고 썼는데 댓글에는 시행하는 것에 문제가 있다며 반대의 의견을 과격하게 적은 글들이 있었어요. 게시글을 제대로 읽지 않고 제목만 보고 판단해 자신의 격한 감정을 적었다는 생각이 들었어요.

　댓글을 달기 전에 무엇보다 먼저 해야 할 일은 게시글의 내용을 잘 읽는 거예요. 게시글에서 말하는 주제가 무엇인지, 주제에 따른 근거들은 어떤 것들인지, 결론은 무엇인지 제대로 찬찬히 읽어야 해요. 그런 다음에 나는 어떤 이유로 그 내용에 찬성 혹은 반대하는지, 더 좋은 의견이 있다면 어떤 것인지 등을 정리해 보고요. 가족들이나 친구들과 이야기해 보는 것도 좋아요. 그런 후에 댓글을 단다면 무조건적인 비난이 아닌 자신의 의견을 객관적으로 표현하는 글을 쓸 수 있어요.

　댓글을 읽을 때는 정확하지 않은 정보를 가지고 자신의 의견을 주장하는 사람들도 있다는 걸 반드시 기억해야 해요.

그런 정보는 심각한 사회 문제를 일으킬 수도 있어요. 또 내용을 제대로 읽지 않고 생각 없이 댓글을 다는 경우와 이유 없이 비방하거나 비난하는 댓글은 걸러 내고 읽어야 해요. 그러니 관련 글을 먼저 꼼꼼하게 읽고 생각을 차분히 정리한 다음 댓글을 읽어야 옳고 그름을 가를 수 있답니다. 또 내 생각과 어떻게 다른지 비교하며 읽는 자세도 필요하답니다.

5월 23일은 '악플 없는 날'이에요. 이날은 악플 말고 선플을 달아 서로 응원하고 배려하자는 의미로 정했어요. 이런 날을 만든 건 그만큼 악플이 많고, 피해가 심각하기 때문이에요.

악플의 반대 개념으로 선플이 있어요. '착할 선(善) + 리플(reply)'로 '선의의 리플'이에요. 햇살 가득한(full of sunshine) 따뜻한 세상을 만들고자 하는 희망을 담아 만든 말이죠. 계속된 악플로 인해 좋지 않은 선택을 하는 사람들이 생기면서 이를 예방하기 위해 선플 운동도 시작되었어요. 좋은 글을 읽거나 쓸 때 사람들의 표정을 보면 웃고 있다고 해요. 그러니 악플이 아닌 선플을 달기로 해요.

창작자 모드 ON

'생비자'라는 말을 들어 보았나요? 외국 여행 때 필요한 비자라는 말이 붙어서 여권의 한 종류인가 싶지만, '생산자'와 '소비자'를 합해 만든 신조어랍니다. 세상이 발전하면서 이처럼 새로 생기는 낱말들도 있고 기존에 있던 말을 조합해 만드는 낱말들도 있어요. 어떤 이유로 이런 낱말들이 만들어졌는지 알면 세상을 좀 더 폭넓게 이해하는 데 도움이 되고 지식의 영역도 넓어져요. 생비자라는 말도 이미 여러분이 알고 있던 말들의 조합이라니 갑자기 친근하지 않나요? 이 신조어는 디지털 기술의 발달로 미디어 콘텐츠를 만드는 생산자와 소비자의 경계가 없어졌다는 것을 뜻해요.

디지털 기술이 지금처럼 발전하기 전에는 누구나 미디어 생산자가 될 수 없었어요. 그래서 소수의 생산자만이 일방적으로 대중을 향해 정보를 전달했어요.

그러나 디지털 미디어의 발전으로 쌍방향 소통이 일상화된 지금은 개인의 취향과 생각에 따라 다양한 콘텐츠를 제작해 유통하는 게 쉬워졌어요. 영상을 촬영하거나 편집하고 만드는 일이나 그렇게 만든 영상을 카카오스토리나 페이스북 혹은 인스타그램, 유튜브 같은 소셜 미디어에 올릴 수 있는 1인 미디어 시대니까요. 자연스럽게 콘텐츠 소비자인 동시에 생산자가 되었죠.

이런 현상을 설명하기 위해 생비자라는 신조어가 탄생했어요. 하지만 사실 확인을 거치지 않은 무분별한 거짓 정보를 쉽게 퍼뜨릴 수 있다는 부작용도 있어요.

> **생비자** prosumer
> = 생산자 + 소비자
>
> 생산자와 소비자가 결합된 용어예요. 생산과 서비스 분야에서 소비자의 사용 능력이 결합해 새로운 생산 방식과 소비 형태로 나타나는 거예요.

생각의 폭을 넓히는
핵심 콕 강의

　현명한 미디어 생활을 하기 위해 알고 지켜야 하는 내용은 생산자와 소비자가 각각 다르지는 않아요. 생비자처럼 우리는 이미 혹은 앞으로 생산자이면서 소비자로 미디어와 함께 생활할 테니까요.

　어렸을 때 소꿉놀이 같은 역할 놀이를 해 본 사람이라면 역할이 바뀔 때마다 말과 행동이 180도 바뀌곤 했던 것을 기억할 거예요. 엄마 역할을 할 때와 아빠 역할을 할 때 맡은 역할에 빠져 모든 행동도 바뀌는 거지요. 이런 역할 놀이는 서로 소통하는 능력을 키워 주고, 상상력과 창의성을 발달시켜 줄 뿐 아니라 문제 해결 능력과 자기표현 능력을 키워 주죠.

　이런 측면에서 생비자 교육과 역할 놀이는 같다는 생각이 들어요. 생산자가 되어 뉴스를 써 보거나 광고를 만들어 본 사람은 소비자의 입장으로 뉴스나 광고를 볼 때와는 다를 테니까요. 뉴스 가치를 따져 보고 게이트 키핑을 통해 어떤 뉴스를 선택할 것인지 직접 경험해 본다면, 소비자의 관점에서 읽을 때도 눈에 보이는 뉴스 너머에 숨어 있는 의미들을 알

수 있을 거예요.

 물론 광고에 대해서도 마찬가지일 거예요. 광고를 보기만 한 사람은 광고가 보여 주는 것을 그대로 믿고 선택하겠지만 광고 기획의 단계부터 사람들을 움직이기 위한 매력적인 디자인과 문구를 고민해 본 경험이 있다면 만들어지는 과정을 생각하면서 모든 것이 사실 그대로가 아니라 과장되어 있다는 것을 알 수 있으니까요. 소비자인 우리가 생산자의 경험을 한다는 건 어른이 아닌 어린이가 역할극을 통해서 문제가 발생했을 때 어떤 말과 행동을 해야 하는지 미리 체험해 보는 것과 같아요. 미디어에서 생기는 여러 가지 문제, 개인정보, 허위 조작 정보, 저작권 등등에 관해 알게 되면서 안전하게 이용하는 법도 알 수 있으니까요.

 미디어 소비자로서 정보 과다의 혼란 속에서 현명한 판단을 할 수 있는 능력을 키우고, 생산자로서 나를 표현하는 힘도 기르는 생비자에 우리 도전해 볼까요?

미디어는 살아 있다

생태계라는 걸 설명하는 게 쉬운 일은 아니지만 간단하게 정리하면 생명체들이 서로 상호작용면서 살아간다는 뜻이에요. 모두 연결되어 함께 살아가고 있다는 거예요. 작은 식물을 먹고 사는 동물들이 있고, 그 동물들을 먹고 사는 또 다른 동물들이 있는 것과 같은 것을 말해요. 혹은 먹이 관계로 연결되어 있지 않아도 영향을 주고받으며 살아가는 관계를 의미하기도 해요. 나무에 집을 짓고 사는 새들과 나무에 구멍을 내고 사는 동물들도 있잖아요. 벌은 꽃의 꿀을 먹기도 하지만 식물들이 꽃을 피울 수 있도록 돕기도 해요. 이렇게 다양한 관계를 맺고 살아가고 있는 생명체들의 세계를 생태계라고 한답니다. 서로서로 보이게 혹은 보이지 않게 연결되어 있어 하나가 사라지면 전체 생태계가 불안정해져요.

'미디어 생태계' 역시 미디어 세계를 아우르는 모든 것을 의미해요. TV·라디오·인터넷·소셜 미디어 같은 보여 주기 위한 미디어들과 유튜버·게임 제작자·작가 등 그리고 소비자들까지 모두가 어우러져서 거대하고 긴밀한 관계를 형성하고 있어요.

미디어 생태계

TV·라디오·인터넷 같은 미디어들과 유튜버·게임 제작자·작가, 미디어 소비자, 미디어를 통한 경제 활동까지 서로 영향을 주고받는 관계로 연결되어 있다는 의미예요.

그런데 왜 살아 있지도 않은 미디어에 굳이 생태계라는 이름을 붙였을까요? 우리의 삶에서 자연환경이 없으면 안 되는 것처럼 미디어 역시 우리 일상에 없으면 안 되는 존재가 되었기 때문이에요. 게다가 미디어 역시 생명체가 탄생하고 사라지고 영향을 주고받는 세계를 이루기 때문이에요.

　지금도 미디어 생태계는 상호작용하면서 변화하고 있어요. 새로운 미디어가 등장하면 이전 미디어와 공존하기도 하고 사라지기도 해요.

　예전에는 라디오나 TV 프로그램을 많이 보던 사람들이 스마트폰이라는 새로운 미디어가 등장한 이후 많은 것을 스마트폰으로 이용하고 있어요. 인기가 많은 게임 앱이 새로 나오면 친구들과 이야기할 주제가 새롭게 생기면서 게임 방법을 배우기 위해 정보를 찾아보기도 할 거예요. 그럼 다른 미디어들에서 게임에 관한 정보를 제공하기도 하고, 배울 수 있는 영상 등도 나오죠. 스마트폰은 친구들의 소통과 정보를 얻는 데 많은 변화를 주고 있어요.

　새롭게 등장하는 미디어를 '뉴미디어'라고 해요. 'new'는 '새로운'을 의미하죠. 반면에 오래된 미디어들은 '올드 미디어'라고 하는데 'old'는 '오래된'이라는 뜻이에요. 뉴미디어가 등장하면서 미디어 생태계는 계속해서 변화하고 있어요.

　뉴미디어 중에서 대표적인 것으로 유튜브를 떠올릴 수 있어요. 유튜브가 처음 등장했을 때 사람들은 지금처럼 많은 사람이 사용하는 미디어가 될 줄 몰랐다고 해요. 많은 사람이 사용한다는 건 그만큼 영향력이 있다는 의미죠. 새로운 미디어에 따라서 콘텐츠 제작 방식도 변하고, 소비하는 방식이나 즐겨보는 대상도 달라지니까요.

유튜브를 비롯한 뉴미디어들은 우리가 무엇을 보고, 무엇에 '좋아요' 버튼을 누르는지, 댓글을 어디에 다는지 등을 기록했다가 사용자의 패턴에 따라 내용을 추천해요. 소비자들이 콘텐츠를 고르는 데 도움을 주죠. 나무와 새가 영향을 주고받는 것처럼 미디어도 서로서로 영향을 주고받는 관계에 있답니다.

미디어의 생태계를 이해한다는 건 어쩌면 미디어의 영향력에 대해 이해한다는 말일 거예요. 생태계를 지키기 위해 작은 벌도 보호하는 노력이 필요한 것처럼, 미디어도 안전하고, 건강하게 사용하려는 노력이 있어야 미디어 생태계도 건강해질 거예요.

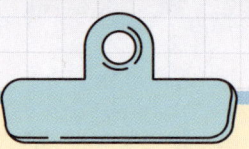

잘 알고 잘 쓰기

● 다음 글의 빈칸에 들어갈 알맞은 말을 골라 적어 보세요.

1. 벌을 보호해야 하는 이유처럼 미디어 (　　　　)를 보호해야 해.

2. 나는 블로그를 즐겨 읽기도 하고 내 블로그도 쓰는 블로거야.
나 같은 사람을 (　　　　)라고 불러.

3. (　　　　)을 해서 그 뉴스가 빠졌어.

4. 건강 정보는 홈쇼핑 같은 곳이랑 (　　　　)한다고 해.

5. 나는 폭력적인 (　　　　)는 별로야.

게이트 키핑　　연계편성　　생태계　　생비자　　콘텐츠

 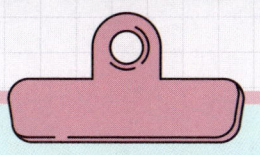

나의 첫 번째 1인 미디어 프로젝트!

● 여러분은 지금 미디어 소비자인가요, 생비자인가요? 만약 생산자가 된다면 어떤 미디어를 어떻게 이용할지 기획안을 만들어 보세요.

단계	활동 내용	기획 포인트
미디어 선택	사용하고 싶은 미디어 종류 정하기 (예: 유튜브, 블로그, 팟캐스트 등)	내가 좋아하는 미디어는?
주제 정하기	채널 주제나 내용 정하기	내가 잘할 수 있는 것은?
콘텐츠 형식	콘텐츠 형식 정하기	동영상, 뉴스, 오디오 중 내 주제에 적합한 것은?
목표 설정	채널의 목적과 달성하고 싶은 목표	채널을 통해 하고 싶은 것은?
계획 수립	기본 계획 세우기	업로드를 얼마나 할 것인지? 어디서 촬영할 것인지? 준비물은 무엇인지?

제 3 장

미디어는 힘이 있다!

#뉴스 #정보 #매개체 #세상을보여주는창 #갈등해결 #문화전수 #집단지성 #민주시민
#알고리즘 #순서 #규칙 #필터버블 #확증편향
#카페인우울증 #카카오톡 #페이스북 #인스타그램 #소셜미디어 #SNS #지구의날
#데이터 #빅데이터 #데이터마이닝 #새벽배송 #심야버스 #통계

- (신이 나서 큰 목소리로) 오늘 무슨 날인지 알아? 다람쥐의 날! 너무 귀엽지? 그치? 그치?
- 그런 날이 있어?
- 응, 정식 이름은 '다람쥐 존중의 날'이야. 먹이를 구하기 힘든 다람쥐들을 위해 먹이를 구해 주는 날이야.
- 그러게, 다람쥐 날이 맞네. 근데 얘들아 이것 좀 봐. 내가 다람쥐 날을 찾아봤더니 내 인스타그램에 갑자기 다람쥐 인형 광고가 떴어. 이런 걸 알고리즘의 힘이라고 하는 거겠지?!

리아는 카카오톡을, 다온이는 페이스북을 열어 보았어요. 역시나 자신들이 찾아본 내용과 관련된 광고들이 계속 보였어요. 그런데 미리는 이런 상황이 어쩐지 께름직했어요. 마치 누군가 자신을 감시하고 있는 듯한 기분이 들었거든요.

- 이런 데이터가 모여서 빅데이터가 되는 거고, 그걸 분석해서 어쩌면 나보다 더 나를 잘 알게 된다는 거지? 좀 싫기도 해.
- 근데, 빅데이터는 새벽 배송이 가능한 것처럼 편리함을 주는 일에도 쓰이잖아. 필요하기도 한 거 같아.

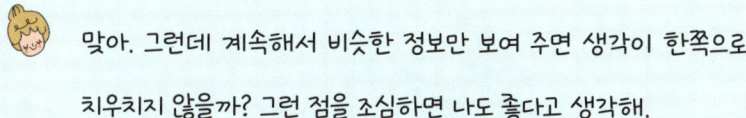 맞아. 그런데 계속해서 비슷한 정보만 보여 주면 생각이 한쪽으로 치우치지 않을까? 그런 점을 조심하면 나도 좋다고 생각해.

근데 너희들 혹시 유진이가 올린 뉴욕 여행 사진 봤어?

다온이는 리아의 스마트폰에 있는 유진이의 사진들을 보면서 부러워하는 표정을 지었답니다. 하지만 미리는 관심이 없어 보였어요. 리아가 미리에게도 보라고 스마트폰을 주었지만 미리는 한마디로 거절했어요.

너희 카페인 우울증 잊어버렸어? 나는 안 보련다. 보면 부럽고 속상할 테니까. 나는 안 볼 거야.

여러분이라면 유진이의 뉴욕 여행 사진을 본다, 안 본다? 어느 쪽을 선택할 건가요? 왜 그런 선택을 했나요?

세상의 새로운 이야기

    19세기 유명한 언론인 찰스 대너라는 분이 "개가 사람을 물면 뉴스가 되지 않지만 사람이 개를 물면 뉴스가 된다"라는 말을 했다고 해요. 이 말을 처음 들었을 때는 선뜻 이해되지 않았어요. 사람이 개를 무는 일을 생각조차 해 본 적이 없기도 하지만, 특히 뉴스를 이야기하면서 왜 이런 예를 들었을까 궁금했지요.

여기서 말하는 '뉴스'는 동서남북을 뜻하는 영어 north, east, west, south 의 첫 글자를 따서 만들었다고도 말하기도 하지만, 새로운(new)의 복수 형태 (new+s)로 새로운 것을 뜻하는 프랑스의 고어에서 유래되었어요.

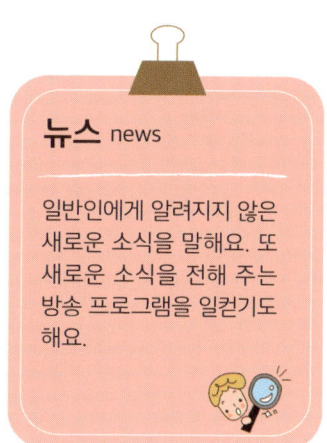

뉴스 news

일반인에게 알려지지 않은 새로운 소식을 말해요. 또 새로운 소식을 전해 주는 방송 프로그램을 일컫기도 해요.

사전적 뜻은 '일반인에게 알려지지 않은 새로운 소식'이에요. 우리가 사는 현대 사회에서의 뉴스는 일상에 필요한 정보들을 전달하는 중요한 매개체 중 하나랍니다. 그래서 뉴스는 새롭게 일어나는 소식을 알려 주는 역할이 가장 중요해요. 뉴스를 '세상을 보여 주는 창'이라는 비유적인 표현을 쓰는 것도 그때문이죠. 날씨 정보, 교통 정보 같이 매일매일 신속하게 필요한 정보와 세계 곳곳에서 일어나는 다양한 소식을 전해 주기도 하니까요.

또 사회에서 현재 발생하는 갈등을 신속하게 알려 주죠. 갈등의 원인이 무엇인지, 각자의 입장은 어떤지, 갈등을 해소하기 위해 어떤 노력이 필요한지 등 다양한 관점에서 문제를 생각해 볼 수 있게요. 뉴스를 보지 않고 사는 건 어떤 의미에서는 눈을 감고, 귀를 닫고 사는 것과 비슷해요.

사람들에게는 무언가를 알고자 하는 욕구가 있어요. 여러분이라면 치킨을 사달라고 했을 때 부모님의 대답? 숙제를 안 했을 때 선생님의 벌칙? 좋아하는 친구가 나를 어떻게 생각하는지? 물론 이런 것들도 알고 싶은 마음이 간절하겠지만 이보다는 생존이 걸린 문제가 더 알고 싶지 않을까요? 예를 들면 안전과 관련된 태풍이나 폭설 정보, 산불 대피 정보, 지진 경보 등을 알지 못한다면 엄청난 일이 벌어질 테니까요.

코로나19 시기에 방역과 관련해 변동된 정보를 그때그때 뉴스를 통해 알아 두지 않아서 겪은 문제도 많았답니다. 가족이 여덟 명인데 네 명까지만 식사가 가능한 기간이라 온 가족이 함께 외식을 할 수 없었다거나, 마스크를 쓰지 않아도 된다고 했지만 큰 병원에서는 써야 하는 걸 몰라 곤란스러웠던 일을 겪기도 했을 거예요.

뉴스를 볼 때 대부분 본문을 읽는 경우는 거의 없고 제목과 이미지만 보고 뉴스를 알고 있다고 말하는 거 같아요. 글을 읽기 싫어서도 그렇겠지만 뉴스를 접하는 미디어 중 96퍼센트

이상이 모바일, 즉 스마트폰으로 보기 때문에 눈에 띄는 제목과 이미지만 보게 되는 거죠. 제목만 보았을 뿐인데 뉴스 내용을 다 알고 있다는 뉴스를 읽었다는 착각을 하는 겁니다.

뉴스는 정보를 제공하려는 목적도 있지만 사회 구성원들에게 공통된 문제나 공적인 정보를 알려 함께 고민해 보려는 목적도 있어요. 다양한 미디어를 통해 전달되는 뉴스는 많은 사람이 한꺼번에 볼 수도 있고, 공유도 가능한 시대이기 때문에 집단지성의 힘을 모으기에 좋은 소통의 장이 된답니다.

그래서 뉴스를 읽는다는 건 사회에서 일어나는 문제에 관심을 둔다는 의미이기도 해요. 어떤 사건에 대해 사람들의 관심도가 높아지게 되면 축소하거나 은폐시킬 수 없게 될 테니까요. 사람들의 관심이 높아지면 기자들도 올바른 정보 전달을 위해 노력할 테고, 다양한 기관도 문제 해결을 위해 최선을 다할 거예요. 사회에 능동적으로 참여하는 민주 시민이 되기 위해 뉴스를 제대로 읽을 줄 알아야 해요.

나보다 나를 더 잘 안다고?

평소에 내가 보지 않는 종류의 유튜브 영상이 화면에 뜰 때가 있지 않나요? 유튜브에서 가끔 "알 수 없는 유튜브 알고리즘이 나를 이곳으로 이끌었다"라는 댓글을 볼 수 있어요. 어떨 땐 직접 경험하게 될 때도 있답니다.

사전을 찾아보면 '알고리즘'을 어떤 문제를 해결하기 위한 지침이라고 정의하고 있어요. 요리 레시피에 음식을 만드는 순서가 적혀져 있는 것처럼 컴퓨터나 스마트폰에서 어떤 문제나 일을 해결하기 위한 단계나 지침 등을 입력해 놓은 게 알고리즘이에요.

우리가 사용하는 컴퓨터와 스마트폰 같은 디지털 미디어들이 알고리즘에 의해 작동된다고 해요. 알고리즘이 어떻게 작용하는지 세세히 알 필요는 없지만, 알고리즘에 따라서 온라인상에 보이는 정보가 달라진다는 것은 꼭 알고 있어야 해요.

만약 여러분이 좋아하는 가수와 관련된 것들을 즐겨 찾아본다면 여러분이 자주 이용하는 플랫폼이나 소셜 미디어에 관련된 콘텐츠가 자주 뜰 거예요. 이렇게 비슷한 정보에 둘러싸이게 되는 것을 필터 버블이라고 해요. 이런 식이라면 우리가 좋아하는 것이나 관심 있어 하는 정보만 더 많이 보게 될 거

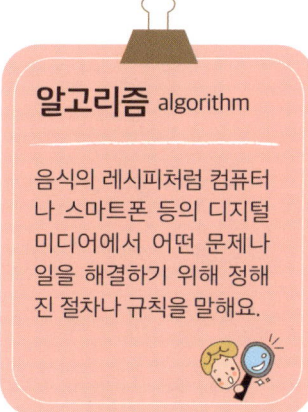

알고리즘 algorithm

음식의 레시피처럼 컴퓨터나 스마트폰 등의 디지털 미디어에서 어떤 문제나 일을 해결하기 위해 정해진 절차나 규칙을 말해요.

예요. 다양한 콘텐츠를 접하지 않고 비슷한 정보만을 계속해서 보다 보면 새로운 경험을 할 수도 없고 다양한 정보를 얻을 기회도 적어져요. 그래서 추천 알고리즘에 빠지면 다양한 관점에서 생각하는 것도 힘들게 된답니다.

여러분은 언제 '좋아요'를 누르나요? 읽은 글에는 무조건 누르는 사람도 있을 테고, 자신의 의견과는 다르지만 좋은 글이라 생각하면 누르기도 하겠죠. 그런데 사람들은 보통 자신과 생각이 비슷한 글에 '좋아요'를 누른다고 해요. 나와 성향이 비슷한 사람이랑 친구가 될 확률이 높은 것처럼 말이죠.

추천 알고리즘은 사람들의 특성을 파악해 유사한 게시물을 계속 보여 주고 자기 생각이 맞는다는 확신을 갖게 해요. 이런 계속된 확신은 확증 편향을 강화시킨답니다. 자기 생각과 일치하는 것은 받아들이지만 그렇지 않은 생각은 무시하거나 피하는 확증 편향은 인간이 가진 습성 중 하나라고 해요.

확증 편향을 극복하지 못하면 우물 안에 갇힌 개구리처럼 좁은 시야를 가지게 될 거예요. 자신이 보는 세상이 전부라고 믿는 건 매우 위험할 수 있답니다. 하지만 여러분이 확증 편향에 관해 알게 되었고 자신이 어떤 식으로 미디어를 통해 사고하는지 알게 되었다면, 일단 극복하는 데 반은 성공한 셈이랍니다.

　확증 편향을 극복하기 위해서는 다양한 의견들이 많다는 사실을 기억해야 해요. 아이스크림도 한 가지만이 아니라 여러 가지 맛을 보고 고르는 게 먹는 즐거움을 더 주는 것과 같아요. 그러니 궁금한 것이나 좋아하는 것이 있다면, 미디어가 보여 주는 것만 보고 결정할 것이라 아니라 여러 사람과 공유하며 대화하는 현명함과 한 가지만이 아니라 다양한 방법으로 문제를 해결하려는 태도가 필요해요. 매번 사람들과 공유하거나 대화할 수 없다면 다양한 미디어를 통해 찾아보는 것도 좋은 방법이랍니다. 유튜브를 이용한다면 같은 주제에 관해 다른 관점을 가진 여러 유튜버의 의견을 참고하는 게 도움이 될 거예요.

　추천 알고리즘을 우리가 직접 막는기는 어려워요. 하지만 특정 동영상을 보고 싶지 않다면 동영상 우측에 있는 세로 점을 클릭해서 '이 동영상 추천하지 않기'를 선택하거나 추천 비활성화를 선택하는 방법이 있어요. 플랫폼의 경우는 검색 기록을 삭제하는 방법도 있으니 추천 알고리즘에 끌려다니고 싶지 않다면 이런 방법들을 알아 두고 실천하는 게 좋겠어요.

혹시 카페인 우울증인가요?

 '카페인 우울증'이라는 말을 들어 본 적 있나요? 이런 질문을 하면 카페인 성분이 들어간 음료는 마시지 않는다고 답하거나 커피를 많이 마시는 어른들과 관련 있다고 답하는 친구들이 많아요.

 그런데 여기서 말하는 카페인은 커피가 아닌 우리가 즐겨 사용하는 미디어와 관련된 말이랍니다.

카 = 카카오톡   페 = 페이스북   인 = 인스타그램

어때요? 재미있죠? 이런 말을 만든 사람들은 창의성이 풍부한 사람들이라는 생각이 들어요. 여기서 말하는 카페인 중에 하나라도 안 쓰는 사람은 없을 듯하네요. 카페인을 아우르는 말은 '소셜 미디어'랍니다. 소셜 미디어는 인터넷을 통해 정보를 공유하고 소통하는 온라인 플랫폼이죠. 그러니까 카페인은 소셜 미디어인 거예요.

SNS, 즉 소셜 네트워크 서비스(social network service)와 닮은 듯해 조금 헷갈릴 수도 있겠네요. 둘의 공통점은 사용자들이 자신의 사진이나 글, 영상 등을 올리고 공유하는 인터넷 플랫폼이라는 거예요. 모두 인터넷에서 소통을 위해 만들어진 것이죠. 차이는 소셜 미디어는 콘텐츠를 공유하는 데 중점을 둔다면, 소셜 네트워크 서비스는 사람들과의 연결에 좀 더 중점을 둔다는 점이에요.

하지만 최근에 미디어들은 이 두 기능을 혼합하여 사용하는 경향이 있어서 보통은 혼용하여 사용한답니다. 이 책에서는 소셜 미디어라고 쓸 거예요.

> **소셜 미디어**
> social media
>
> 인터넷을 통해 정보를 공유하고 소통하는 온라인 플랫폼을 말해요. 예를 들면 카카오톡, 페이스북, 인스타그램 등이 있어요.

　어른들은 피곤함을 없애기 위해 커피를 마시지만 너무 많이 마시면 오히려 피곤함을 느낀다고 해요. 소셜 미디어도 그래요. 시간 가는 줄 모르는 재미와 즐거움을 주는 반면에 자주 오래 보면 부작용이 있어요. 그 하나로 우울감을 느끼는 사람들이 늘고 있다고 해요.

　지민이란 친구가 있어요. 어린이날에도 부모님이 바쁘셔서 선물은커녕 놀이공원도 못 가 집에서 혼자 놀아야 했어요. 지민이는 심심해서 인스타그램, 페이스북, 릴스나 숏츠, 유튜브 영상 등을 보며 시간을 보내고 있었어요. 그런데 친구들의 소셜 미디어에 부모님께 받은 선물과 근사한 식당에서 찍은 사진, 놀이공원에서 신나게 논 사진들이 올라와 있는 거예요. 지민이 기분이 어땠을까요? 행복해하는 친구들의 모습에 지민이도 함께 즐겁기만 했을까요? 아니면 친구들은 행복한 데 자신은 어린이날 아무것도 하지 못한 채 혼자 집에 있는 게 슬펐을까요? 여러분이라면요? 아마도 행복한 친구들과 비교되어 참고 있던 마음이 슬픔으로 변했을지도 몰라요. 이런 느

낌이 바로 카페인 우울증이랍니다.

그런데 소셜 미디어에 올라오는 이런 사진이나 동영상 등은 예쁘고 좋게 보이기 위한 노력으로 올리는 콘텐츠들도 많아요. 어떤 경우 자신이 사거나 받은 선물처럼 보이고 싶어 다른 사람의 사진을 올리기도 한다고 해요.

통계에 의하면 이런 소셜 미디어 활동을 하루 평균 약 3시간 한다고 하네요. 언제부터인가 5시간이라는 통계도 있고요. 매일 3~5시간 넘게 이런 우울증을 느낀다면 어떨까요?

슬기롭게 소셜 미디어를 사용하는 방법으로 알람 설정을 추천해요. 인터넷 사용할 때 시간을 정해 놓고 그 이상을 넘지 않게 하는 방법이에요. 우리는 하루라는 한정된 시간을 지혜롭게 써야 하니까요. 물론 소셜 미디어에 단점만 있지는 않아요. 시공간을 초월해 새로운 친구를 사귈 수도 있고, 공부할 때 유용한 정보를 찾을 수 있기도 해요. 저는 4월 22일 '지구의 날'에 하는 전국 소등 행사를 매번 소셜 미디어를 통해 기억하고 실천하고 있답니다.

09

하루아침에 만들어지는 게 아니라고?

　데이터는 우리가 매일 보고, 듣고, 느끼는 수많은 정보를 말해요. 글, 사진, 영상, 숫자, 소리, 날씨 정보 등 모든 정보가 데이터랍니다. 전화, 문자, 톡, 책, 뉴스, 소셜 미디어에 올라오는 모든 글, 그래프, 음악, 비디오 영상, 우리가 먹는 급식, 교과서의 자료 등이 모두 데이터인 거예요. 우리의 모든 흔적을 데이터라고 할 수 있겠네요.

날씨 데이터 덕분에 우리는 우산을 가지고 나가야 하는지, 옷을 어떻게 입어야 할지 정할 수 있지요. 게임 데이터로는 사람들이 좋아할 만한 게임을 만들기도 한답니다. 대형 마트 같은 곳에서 상품을 진열할 때 사람들이 물건 사는 데이터를 모아 행동 습관을 찾아 진열 방법을 바꾸는 데도 유용하죠. 상추와 쌈장을 함께 진열하는 것처럼요.

데이터 data

우리가 매일 보고 듣고, 느끼는 수많은 정보를 말해요. 빅데이터(big data)는 방대한 양의 데이터를 말해요.

빅데이터는 수집하고 저장한 데이터양이 방대해서 분석해야만 사용할 수 있어요. 양이 어마어마하다는 건 함부로 건드릴 수 없다는 의미이기도 해요. 높이 쌓인 돌무더기는 함부로 옮기기 어려운 것처럼요. 그러니 컴퓨터를 잘 알아야 하는 것은 물론이고 통계학, 수학, 인공지능 같은 분야와 관련된 지식·기술이 필요하답니다. 이런 일을 하는 사람들을 데이터 과학자라고 불러요. 데이터 과학자들은 데이터를 분석해 유용한 정보를 찾아내요. 빅데이터 속에서 가치 있는 정보를 찾아내는 것이 마치 광산에서 광석을 캐내는 일과 비슷해 데이터 마이닝이라고 해요.

　요즘은 잠자기 전 물건을 주문하면 새벽에 문 앞으로 배송되어 있어요. 엄마가 깜빡하셔서 운동회 날에 입을 흰 티와 장갑을 준비하지 못했다고 생각해 봐요. 부랴부랴 한밤중에 스마트폰으로 주문합니다. 그러면 주문이 물건을 만든 회사가 아니라 집에서 가장 가까운 물류센터로 들어갑니다. 놀랍게도 물류센터에는 주문할 것을 미리 안 것처럼 상품이 포장까지 되어 있어서 두세 시간 만에 문 앞으로 배달되죠. 그런데 물류센터에는 어떻게 필요한 물건이 미리 준비되어 있는 걸까요? 이런 일을 가능하게 하는 것이 바로 빅데이터랍니다. 지역별로 주문한 기록(데이터)을 분석해서 운동회 물건을 준비해 놓는 거예요.

　빅데이터를 활용해 심야버스 노선을 만든 사례도 있답니다. 어디에 어떻게 심야버스 노선을 만들 것인지를 알기 위해 데이터를 모았어요. 밤늦은 시간 스마트폰이 많이 켜져 있는 곳과 밤늦게까지 일하는 사람들이 있는 지역이 주로 어디인지 등의 데이터를 모아 활용한 것이지요. 여러분도 이런 데이터

를 활용해 볼 수 있어요.

  하지만 우리 삶에 편리함을 주는 만큼 주의해야 할 점들도 있어요. 만약 통계자료를 활용한다면 어느 기관에서 어떤 대상으로 언제, 어떻게 조사했는지 정보(데이터)의 정확한 출처를 확인하는 습관을 지녀야 해요. 반 친구들에게 좋아하는 운동이 무엇인지 설문 조사를 한다고 가정해 볼게요.

     질문 A "야구와 축구 중 무엇을 더 좋아하나요?"

     질문 B "가장 좋아하는 운동은 무엇인가요?"

  질문 A는 야구와 축구 중에 선택하니 좋아하는 운동으로 둘 중 하나가 선택될 거예요. 하지만 질문 B는 어떤 종목이든 자유롭게 말할 수 있어서 좀 더 다양한 대답이 나올 거예요. 어때요? 질문을 살짝 바꾸었을 뿐인데 다른 결과의 데이터를 얻을 수 있게 되네요.

  앞으로 데이터의 중요도는 점점 더 커질 거예요. 우리 주변에 있는 것을 잘 이해하고, 좋은 결정을 내리게 도와주니까요. 여러분도 데이터와 친해지면 좋겠어요.

광고, 보지만 말고 제대로 읽자!

 조선 시대 사람들은 광고를 '고백'이라는 이름으로 불렀다고 해요. 고백이라는 말은 '고하다'에서 유래된 말인데, 아마도 광고가 누군가에게 알리는 일임을 알고 있었던 거 같아요. 광고는 한자로 넓은(널리) '광廣' 자와 알릴 '고告' 자를 써요. 영어로는 'advertising'인데 이는 라틴어로 '주의를 기울이다'라는 뜻에서 유래했어요. 광고는 매체에 따라 TV·인터넷·잡지·신문·야외 광고 등이 있고, 목적에 따라 상품 광고·이미지 광고·공익 광고 등으로 분류해요.

　상품 광고는 특정 상품이나 서비스를 팔기 위해 만들어진 광고예요. 우리가 흔히 보는 광고의 대부분은 상품 광고로 사람들의 시선을 끌기 위해 또 메시지를 효과적으로 전달하기 위해 창의적인 시도를 많이 한답니다. 그래서 광고를 '15초의 예술'이라고 부르기도 해요. 이미지 광고는 회사나 브랜드의 이미지를 좋게 하려고 만들어요. 환경에 관심이 커진 요즘은 자신들의 회사가 환경친화적이라는 이미지를 보여 주기 위한 광고들이 있지요.

　공익 광고는 사회 전체의 이익을 위해 필요한 정보를 전달하거나, 대중의 인식을 바꾸기 위해 또는 다양한 사회적 문제에 관심을 끌게 할 목적으로 만들어요. 예를 들면 에너지 절약, 아동 학대 예방, 동물 보호 등을 알리기 위한 것들이 있어요. 이런 공익 광고들은 사람들에게 행동의 변화를 일으키기도 하고, 사회 문제를 해결하기도 하며 공동체 의식을 키워 주기도 한답니다.

광고 advertising
= 廣廣 + 告告

광고는 널리 알린다는 의미예요. 영어 advertising은 라틴어로 '주의를 기울이다'라는 뜻에서 유래했어요.

광고는 인터넷, 텔레비전, 라디오, 신문, 잡지, 야외 광고판, 각종 소셜 미디어 등 온갖 곳에 있어요. 광고의 홍수라고 표현을 하는데 말 그대로 광고가 하늘의 비처럼 쏟아지는 느낌이 들기도 한답니다. 미디어를 하나 시청하기 위해 보통 5분 이상 광고를 보아야 하고, 인터넷을 통해 정보를 하나 보기 위해서는 배너 광고, 팝업 광고, 비디오 광고 등 숱한 광고를 봐야 해요.

"광고는 가난한 자의 세금이다"라는 말이 있어요. 스콧 갤러웨이라는 뉴욕대학교 교수가 한 말에서 나왔어요. 돈을 내고 정액제를 사용할 수 없다면 광고를 봐야 한다는 거예요. 유튜브를 예로 들면 정액권으로 돈을 지불해야 광고를 보지 않고 연속 시청할 수 있듯이요. 결제하지 않고 공짜로 즐기는 게임은 일정 시간 광고를 봐야 하고요.

우리는 일상에서 매일 같이 접하는 수많은 광고에 어떤 목적이 숨어 있는지 알아야 해요. 광고인지 아닌지 헷갈리는 형태들이 많아졌거든요. '뒷광고' 혹은 '내 돈 내 산'이라는 말을 들어 본 적이 있을 거예요. 유명인들이 자신의 영상이나 사진에 특정 제품을 보여 주는데 진짜로 좋아해서 사용하는 것인지, 돈을 받고 제품 광고를 하는 것인지 구분하기 어려울 때가 있어요. 또 뉴스인 줄 알고 열심히 읽었는데 제품 홍보 내용이라면 이게 뉴스인지 광고인지 헷갈릴 수도 있답니다.

그래서 광고의 목적이 무엇인지 파악하는 비판력이 필요해요. 광고에는 물건을 팔기 위한 목적만이 아니라 특정한 생각이나 가치관을 전달하려는 의도가 숨어 있으니까요. 또 과장되거나 현실과 다른 점이 무엇인지 꼼꼼하게 살펴봐야 해요. 광고가 사회에 미치는 영향이나 특정 성별, 인종, 문화에 관한 편견은 없는지 등도 따져 보아야 해요.

이렇게 광고를 비판적으로 바라보고 분석한다면, 우리는 현명한 소비자가 될 거예요. 그리고 미디어가 우리 생각과 태도에 미치는 영향을 더 잘 알아챌 수 있게 될 거예요. 매일 마주하는 광고 속 메시지를 따져 보며 읽고, 더 나은 선택을 할 수 있어야 해요.

 ## 나만의 뉴스 기록하기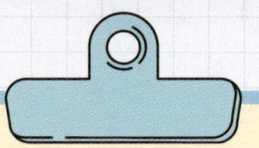

● 뉴스를 읽고 기록해 보세요. 자신의 기록을 보면서 어떤 뉴스를 읽는지 데이터를 분석해 보는 것도 좋고, 뉴스가 자신에게 어떤 영향을 주었는지도 적어 보세요.

날짜	뉴스 주제	뉴스 제목과 출처	뉴스에 관한 자신의 생각이나 받은 영향

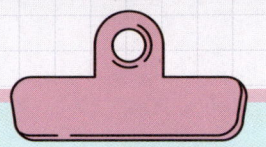

나를 표현하다! – 이미지 광고 만들기

준비물 : 종이, 색연필 혹은 사인펜, 필요에 따라 사진, 가위, 풀

이런 순서로 해 봐요

1 자신에 관해 생각해 보세요.

- 무엇을 좋아하나요? 취미는 무엇인가요? MBTI 유형은 무엇인가요?
- 자신에 관해 생각해 보면서 광고에 넣을 내용을 정리해 보세요.
- 마인드맵을 활용해 자기에 관해 더 깊이 탐색해 보는 것도 좋아요.

2 자신을 표현할 수 있는 짧은 문장과 이미지를 생각해 보세요.

- 손 그림을 그릴 수도 있고, 자신의 사진을 붙일 수도 있어요. 자신을 잘 나타낼 수 있는 요소를 찾아보세요.

3 종이에 정리한 내용을 광고지처럼 배치해 보세요.

- 종이에 광고 틀을 미리 잡아 보세요. 그래야 실수가 없어요.

4 어울리는 단어와 문장을 배치해 보세요.

- 자신을 가장 잘 나타내면서 사람들이 이해하기 쉬운 단어와 문장을 써 보세요. 이때 단순하면서도 확실한 단어를 선택해요.

제 4 장

진실의 문아 **열려라!**

#가짜뉴스 #목적 #허위조작정보 #페이크뉴스 #허위정보 #조작정보 #정확한용어
#팩트체크 #팩트체커 #사실확인 #사실확인자 #사실검증자 #신뢰판단 #팩트체크과정
#딥페이크 #인공지능 #컴퓨터기술 #딥러닝 #메타버스 #상상 #가상공간 #가상우주
#아바타 #공상과학소설 #스노우크래시 #증강현실 #거울세계 #라이프로깅
#개인정보 #개인정보보호 #개인정보유출 #디지털흔적 #비밀번호
#한국인터넷진흥원 #118사이버민원센터

너희들 그거 알아? 1923년 관동 대지진이 일어났을 때 일본 사람들이 한국 사람들 때문에 지진이 난 거라며 관동에 살던 한국인 6천여 명을 죽인 사건 말이야.

말도 안 돼! 지진은 자연현상이잖아!

그런 허위 조작 정보를 믿다니 말도 안 돼! 사람들이 팩트 체크도 안 하고 그런 일을 저질렀다고?!

요즘 같으면 말도 안 되는 일인데.

그러게. 그나저나 난 어제 TV 뉴스 보다가 엄청나게 울었어. 눈이 너무 퉁퉁 부어서 아침에 얼음찜질을 해야 할 정도였다고.

리아는 어제 TV에서 본 죽은 사람의 모습을 증강 현실로 실제처럼 만들어 가족들과 만나게 해 준 프로그램 이야기를 했어요. 미리와 다온이도 안타까운 표정으로 이야기를 들으면서 TV에서 본 다른 뉴스 이야기를 하기 시작했어요.

얼마 전에 메타버스에 대해서 배웠는데, 증강 현실을 이용해서 별별 것을 다 한다고 하더라. 몸은 미국에 있는데 증강 현실로 다른 먼 지역에서 수업한다는 거야. 놀랍지 않아?

난 이럴 때마다 배워야 하는 게 많아져서 걱정이야. 수학 공부도 해야 하고, 영어도 공부해야 하고, 이젠 컴퓨터까지 복잡해져 계속 배울 게 늘어나. 어휴 ㅜ.ㅜ

걱정하지 마. 어쩌면 우리가 어른이 될 때는 인공지능이 발달해서 말만 해도 되는 세상이 올지도 모르잖아. 지금도 사실 말로 많은 것을 할 수 있는 세상이니까.

하지만 어쩌면 디지털 흔적이나 개인정보 보호 같은 것에 더 신경을 써야 할지도 몰라. 내 아이디를 다른 친구가 쓰거나 내 전 재산이 사라질지도 모르니까.

전 재산? 설마?! 너 통장에 찍힌 달랑 5만 원을 말하는 건 아니지? 푸하하하하!

왜 웃어! 그게 얼마나 큰 돈인데!

그래그래 미리야, 너의 재산을 위해서라도 개인정보 보호하는 방법을 제대로 알아야 해.

여러분은 무엇을 지키기 위해 개인정보 보호에 힘쓰시나요? 개인정보를 보호하지 않는다면 어떤 일이 벌어질까요?

가짜 뉴스? 허위 조작 정보?

 와! 위 광고를 보니 공짜 빵에다가 60퍼센트 할인까지 한다니 당장 저 빵집으로 가야 할 거 같지 않나요? 저라면 춤엔 자신이 없으니 노래를 할 거 같아요. 하지만 이 전단이 가짜였다면요? 정말로 학교 앞 빵집에 가서 춤을 추거나 노래를 부른 친구가 있다면요? 가게 안 손님과 주인까지 모두 보고 웃음바다가 되어 버렸다면? 아마도 인생에 남을 흑역사가 될

지도 몰라요. 잠자리에 들어서 이불 킥도 여러 번 할 거예요.

가짜 뉴스 fake news

사실이 아닌 정보를 마치 사실인 것처럼 보이게 만들거나 아예 없었던 일을 있는 일처럼 만들어 퍼뜨리는 뉴스를 말해요.

 사실이 아닌 정보를 가지고 마치 사실인 것처럼 보이게 만든 뉴스를 '가짜 뉴스'라고 해요. 가짜 뉴스라는 말은 2016년 미국에서 신문사나 방송국이 아닌, 즉 언론사가 아닌 곳에서 사실과 다른 뉴스를 만들어 퍼트린 '페이크 뉴스'를 우리나라 말로 번역해서 쓰게 된 거예요.

 어떤 사람은 돈을 벌기 위해, 어떤 사람들은 다른 사람들의 생각을 바꾸기 위해 가짜 뉴스를 퍼뜨린다고 해요. 혹은 사실을 숨기고 혼란스럽게 하려고, 때로는 재미있는 모습을 보고 싶다는 장난까지 이유도 다양하죠. 하지만 거짓 뉴스를 퍼뜨려서 개인의 명예를 훼손하거나 언론사인 양 속여서 가짜 뉴스를 퍼뜨리면 법적으로 처벌을 받게 되어 있답니다.

 잠깐, 우리동네빵집은 어떻게 되었는지 궁금하지 않나요? 친구들이 춤추고 노래하는 모습과 당황하는 모습을 보고 싶었던 장난이었다고 해요. 가짜 뉴스 역시 장난을 친 친구들이 그랬던 것처럼 숨은 목적이 있답니다.

'가짜 뉴스' vs. '허위 조작 정보' 이 둘 중 어느 단어를 더 많이 들어 보았나요? 아마도 가짜 뉴스일 거 같네요. 우리동네빵집의 이야기에서도 우리는 가짜 정보, 가짜 뉴스라고도 말했고 보통 친구들이 잘못된 정보를 이야기하면 거짓말하지 말라거나, 가짜 뉴스 퍼뜨리지 말라는 말을 하죠.

앞의 빵집 전단이 동네 뉴스로 나왔다면 마을 전체에 대소동이 일어날지도 몰라요. 작은 장난으로 시작한 일이 경찰이 나서서 누가 이런 가짜 정보를 유포했는지, 누구의 장난인지를 찾는 사건으로 바뀔지도 몰라요.

가짜 뉴스라는 용어는 때때로 잘못 사용될 수 있어요. 어떤 사람들은 자신들이 마음에 들지 않는 진짜 뉴스를 가짜 뉴스라고 하기도 해요. 이런 경우 단지 한 가지 사실만 잘못되었을 뿐인데, 전체 뉴스를 거짓으로 몰아가는 거죠.

페이크라는 말도 비슷한 문제가 있어요. 우리는 종종 가벼운 거짓말이나 농담할 때 페이크라는 말을 사용하곤 해요. 그래서 가짜 뉴스를 큰 문제로 여기지 않을 때도 종종 있어

요. 허위 조작 정보는 '허위 정보'와 '조작 정보'를 합친 말로, 넓은 범위의 잘못된 정보를 포함해요. 허위 정보는 단순한 오류나 실수, 의도적인 거짓 정보를 모두 포함해요. 조작 정보는 원본 정보나 자료가 변형된 것을 의미하지요.

　우리동네빵집 사건을 예로 들자면 전단이 실제로 있고 빵집에서 춤추면 빵을 싸게 준다는 사실만 거짓인 경우는 허위 정보에 해당한답니다. 그러나 전단이 실제로 존재하지 않는데 실제로 있는 것처럼 이미지를 만들어서 공유했다면 정보 자체를 조작한 것이므로 조작 정보에 해당해요. 이처럼 허위 정보는 사실이 아닌 내용을, 조작 정보는 원래 있던 정보나 자료를 의도적으로 바꾸는 것을 말한답니다.

　잘못된 정보들을 무조건 가짜 뉴스라고 하기보다는 그 정보가 허위 조작 정보인지를 꼼꼼하게 살펴보는 자세가 필요해요. 그리고 가짜 뉴스라는 용어 대신 '허위 조작 정보'라는 정확한 용어를 사용하는 습관도요.

사실을 찾아 확인하라

앞의 우리동네빵집 사건에서 춤을 추거나 노래를 부른 친구들은 그런 행동을 하기 전에 정말로 빵집이 요상한 방식으로 세일을 하는 것이 사실인지 아닌지 확인해 봐야 하지 않았을까요? 수상하고 누구나 의심해 봄 직한 일이잖아요. 이렇게 어떤 정보나 주장하는 바가 사실인지 아닌지 검증하는 과정을 '팩트 체크', 즉 사실 확인이라고 해요.

하루 동안 우리는 많은 정보를 듣게 된답니다. 비가 온다고 했는데 오지 않을 때도 있어요. 때로는 빨간색 펜으로 이름을 쓰면 죽는다는 등의 이상한 정보도 있답니다. 웃고 넘어갈 수 있는 일들도 있지만 잘못된 정보로 인해 돌이킬 수 없는 문제들이 발생하기도 해요. 그래서 나와 우리를 보호하기 위해서 팩트 체크가 필요해요. 정보의 홍수라고 하는 요즘 꼭 필요한 기술과 지식이라는 생각이 들지 않나요?

팩트 체크를 하는 사람은 팩트 체커라고 불러요. 체커(checker)가 '검증자', '확인자'를 뜻해 사실을 검증하는 사람, 사실 확인자 등으로 해석할 수 있답니다. 팩트 체커가 된다는 건 정보를 있는 그대로 받아들이지 않고 신뢰할 수 있는지 살펴보고 판단하는 습관을 들이는 데서 시작해요. 이런 정보가 어떻게 시작된 것인지? 주장의 근거가 무엇인지? 혹시 이런 정보로 누군가 이익을 보는 것은 아닌지? 반대 의견은 없는지? 현재 상황에 맞는 것인지? 등등 사실을 확인하는 질문들을 던질 때 여러분은 똑똑한 팩트 체커가 될 거예요.

> **팩트 체크 fact check**
>
> 사실 확인이에요. 어떤 정보나 주장하는 바가 사실인지 아닌지 검증하는 과정을 말해요. 팩트 체커는 팩트 체크를 하는 사람을 말해요.

생각의 폭을 넓히는
핵심 콕 강의

　콩나물을 먹으면 키가 큰다거나, 우유를 마시면 피부가 하얗게 된다는 이야기들이 있었어요. 예전에는 실제 많은 사람이 믿기도 했어요. 콩나물은 물만 주는 데도 쑥쑥 잘 자라고, 흰 우유를 마시면 우유처럼 피부도 좋아질 거 같아 믿음이 가기도 하니까요. 게다가 어른들도 모두 맞는 말이라고 하시니 믿을 수밖에 없었답니다. 그런데 어른들에게 물어보는 것만으로 팩트 체크를 한 것일까요?

　팩트 체크에서 중요한 건 사실을 꼼꼼하게 검증해야 한다는 거예요. 검증이라니 과학자나 형사가 되어야 하나 싶은 생각이 드나요? 맞아요. 콩나물과 흰 우유의 경우처럼 내가 아는 어른들이 모두 맞다고 했지만 과학적으로 정말 맞는 말인지 사실을 꼼꼼히 확인해야 해요.

　만약 '핸드폰을 사용하면 눈이 나빠진다'라는 주장이 있으면 이 말을 정확하게 이해하기 위해 '핸드폰 화면을 자주 그리고 오랫동안 보면 시력이 나빠질 수 있다'라는 의미인지 생각해 봐야 해요. 만약 우리가 '핸드폰을 사용하기만 해도 눈

이 나빠진다'로 잘못 이해한다면, 핸드폰을 만지는 것도 시력에 영향을 주는지 궁금해질 테니까요. 그래서 주장의 진짜 뜻을 정확히 파악하는 것이 중요해요. 그렇지 않으면 필요 없는 정보를 찾느라 시간을 낭비하게 될 테니까요.

그다음에는 이런 주장이 도대체 어디에서 나왔는지를 확인해야 해요. 다양한 미디어를 통해 출처를 찾아볼 수 있어요. 네이버와 구글에서 찾아보니 이런 질문을 한 사람이 많은지 바로 나왔어요. 출처는 '예전부터 내려오는 말'이라고만 나와 있어요. 그런 다음 과학적으로 증명할 수 있는 말인지 찾아봐야 해요. 전문가의 의견이나 실험을 한 연구 등을 찾아보는 거예요. 그리고 나서 최종 결론을 내리는 거죠.

팩트 체크는 꽤 복잡하고 어려울 수 있지만 정확한 정보를 전달하기 위해서는 꼭 필요한 과정이에요. 훌륭한 팩트 체커가 되기 위해서는 다양한 출처를 확인하고, 정보의 정확성을 검증하는 법을 배워야 해요. 또한 어떤 정보가 사실인지 잘못된 정보인지, 의견일 뿐인지를 구분할 수 있어야 한답니다.

이런 세상이 온다면 OMG!

과학기술은 우리의 일상을 편하게 해 줘요. 전 세계 사람들과 언제 어디서든 실시간으로 소통하고, 온라인 학습 플랫폼, 원격 모니터링을 통한 의료 진료, 그리고 우리의 일을 도와주는 인공지능까지 정말 많은 부분에서 편리함을 주고 있어요.

그러나 기술의 좋은 점을 악용하는 일들이 있어요. 컴퓨터 기술을 이용해 사람의 얼굴이나 목소리 등을 바꾸는 '딥페이크' 기술이 그중 하나예요. 인공지능을 기반으로 만들어진 가짜 이미지나 오디오, 비디오 등인데 실제인지 구별하기 어려워 악의적으로 허위 정보를 퍼뜨리는 데 사용되는 경우가 많아요.

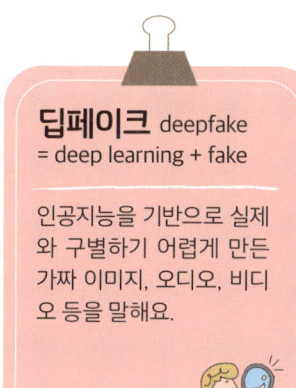

딥페이크 deepfake
= deep learning + fake

인공지능을 기반으로 실제와 구별하기 어렵게 만든 가짜 이미지, 오디오, 비디오 등을 말해요.

딥페이크 기술은 2010년 중반부터 관심을 받기 시작했어요. 연구용으로 개발하거나, 영화나 게임 같은 곳에서 특수효과를 내려던 게 주요한 목적이었어요. 사라진 공룡의 세계나 미래를 보여 주는 장면 등을 딥페이크 기술을 활용해 실제처럼 만들었죠. 그러나 너무나 진짜 같은 이런 기술이 문제가 되고 있답니다.

딥페이크를 이용한 첫 사기 사건은 2019년 영국에서 일어났어요. 한 에너지 회사의 직원이 급하게 돈을 보내 달라는 회사 대표의 전화를 받고 돈을 보냈는데 나중에 딥페이크 기술을 이용해 만든 사장의 가짜 목소리라는 게 밝혀진 거죠. 이 사건을 계기로 사람들은 딥페이크 기술이 영화에서나 일어나는 일이라고 생각한 일이 실제로 우리 일상에서 일어날 수 있다는 걸 알게 되었어요.

최근 단순히 목소리나 사진 합성 수준이 아닌, 연예인의 얼굴과 목소리를 딥페이크 기술로 진짜처럼 만들어서 사람들에게 투자하게 하는 사기 사건이 있었어요. 동영상을 통해 유명한 연예인들이 나와서 말하는 모습을 보니 믿을 만하다고 생각할 수밖에요. 여러분이 좋아하는 연예인 영상이었다면 여러분도 믿지 않았을까요?

딥페이크 기술은 보이스피싱 같은 사기에도 이용되고 있어요. 통화 녹음된 목소리를 모아 딥페이크 기술로 진짜 같은 가짜 목소리를 만들어 가족이나 지인들에게 전화를 걸어 금전을 요구하는 일이 있었으니까요. 친구가 전화를 걸어 급하니까 1만 원만 빌려 달라고 한다면요? 너무도 똑같은 목소리로 도움을 청한다면 입금해 주지 않을까요?

어쩌면 우린 이제 통화할 때 서로만 알 수 있는 질문을 통해 진짜인지 가짜인지 판별해야 할지도 몰라요. 어제 2교시 수업은 뭐였어? 내가 며칠 전부터 먹고 싶다고 한 음식은? 이처럼 친구들끼리만 아는 암호를 만들어야 할지도요.

　그렇다면 딥페이크 기술을 완전히 금지하면 문제가 없는 걸까요? 완전 금지하게 된다면 개인의 권리 보호를 할 수 있다는 점에서는 매우 긍정적일 거예요. 누군가 나의 얼굴을 합성해 부끄러운 일을 한다는 건 생각만 해도 끔찍하니까요.

　또 앞의 직원 사례처럼 거짓 정보로 인한 혼란이 사라져 범죄에 사용되지 않을 거예요. 매일 암호를 바꾸어서 질문해야 하는 일들도 생기지 않을 거예요.

　하지만 완전히 금지하면 기술의 발전을 제한한다는 문제가 있어요. 이제껏 우리가 누리고 있던 영화나 게임, 교육 등에 활용하는 창의적인 기술이 사라지게 될 거예요. 또한 표현의 자유를 제한한다는 문제가 생기기도 할 거예요.

　딥페이크 기술을 완전히 금지하는 것은 법적으로도 복잡하고 어려운 일이라 아직은 쉽지 않아요. 그래서 우리 스스로 "이게 진짜일까?" 하는 자세로 질문하고 확인해 보는 습관을 들여야 해요. 믿지 못하는 세상이라고 우울해하기보다는 조심하는 습관을 들인다고 생각하기로 해요.

마법 같은 디지털 세상

인류가 놀랍도록 진화한 건 많은 이가 새로운 것을 상상하고 꿈꾸었기 때문이에요. 더 넓은 미지의 세상을 보고자 하는 호기심과 모험 덕에 신대륙을 발견했지요. 아마도 가상, 초월을 의미하는 '메타'와 우주를 뜻하는 '유니버스'가 결합된 '메타버스'를 처음 만든 사람도 이런 호기심의 유전자를 이어받은 사람들, 현실 세계를 넘어 새로운 경험을 꿈꾼 사람들일 거예요.

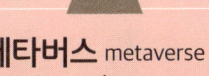
메타버스 metaverse
= meta + universe

가상, 초월을 의미하는 '메타'와 우주를 뜻하는 '유니버스'가 결합된 말이에요. 가상의 플랫폼에서 아바타를 통해 여러 활동을 할 수 있어요.

메타버스는 가상 공간에서 만나, 소통하고, 창의적인 활동을 할 수 있게 했어요. '가상 우주'라고 번역하기도 하지요. 메타버스는 가상의 디지털 세상을 의미해요. 현실 세계를 넘어서는 일종의 마법 세계 같은 곳이기도 해요.

나를 대신할 아바타가 있고, 건축에 관해서 전혀 몰라도 집을 짓거나 성을 지을 수도 있어요. 이렇게 이야기하면 떠오르는 것이 많이 있을 거예요. 바로 제페토, 로블록스, 마인크래프트 같은 메타버스의 특성을 포함하는 게임들이요.

메타버스에서는 현실과 같은 사회, 문화, 경제 활동 등이 이루어지고 있답니다. 실제로 나의 아바타와 내가 입을 것까지 옷 두 벌을 사면 한 벌은 아바타에게 입히고, 한 벌은 내가 진짜 입을 수 있도록 택배로 보내 주는 거예요. 메타버스 내에서 옷이나 인테리어 용품 등을 디자인하는 일이 새로운 직업으로 인기가 있다고 해요. 또 메타버스 세계에서는 초등학생들도 게임을 만들어 경제 활동을 할 수 있어요. 메타버스 세계는 시공간뿐 아니라 나이도 초월한답니다.

　메타버스라는 용어는 1992년에 출판된 닐 스티븐스의 공상 과학 소설 《스노우 크래시》에서 처음 나왔어요. 《스노우 크래시》에 등장하는 미래 세계에서는 메타버스라고 불리는 가상 세계에서 아바타를 통해 상호작용을 해요. 주인공 히로가 광대한 디지털 세계인 메타버스에서 특별한 정보를 찾아 나쁜 사람들로부터 세상을 구한다는 모험 가득한 소설이랍니다.

　《스노우 크래시》가 나오고 난 이후 과학기술 분야나 엔터테인먼트 분야에서 영감을 얻어 가상 현실(VR)과 증강 현실(AR) 기술, 그리고 다양한 온라인 상호작용 플랫폼들이 나오게 되었어요. 여러분이 컴퓨터나 스마트폰을 통해 가상 세계에서 재미있는 활동을 할 수 있게 된 것도 이 덕분이랍니다.

　메타버스는 가상 세계, 증강 현실, 거울 세계, 라이프로깅 등으로 분류할 수 있어요. 가상 세계는 사이버 공간, 즉 컴퓨터를 통해 만들어진 세상으로 실제와는 다른 세상을 경험할 수 있어요. 여러분이 즐기는 온라인 게임 등이 여기에 속해요. 증강 현실은 포켓몬고 게임을 생각하면 이해하기 쉬워요.

실제 세계 위에 컴퓨터로 만든 이미지나 정보를 겹쳐 보여 주는 기술이에요. 거울 세계는 거울처럼 실제 세계를 그대로 보여 주는 세계예요. 배달 앱처럼 가게 정보가 실제랑 똑같이 존재하지만 실제로 보는 것보다 더 많은 음식 사진이나 리뷰 등 정보가 더 많이 들어 있답니다.

라이프로깅은 우리가 디지털 방식으로 기록하는 사진, 비디오, 글 등 마치 일기나 앨범에 추억을 저장해 놓는 것과 비슷하답니다.

메타버스는 신기하고 재미있는 공간이지만 제대로 이용하기 위해서는 실제 세계와의 균형을 잘 유지해야 해요. 지나치게 오랜 시간 가상 세계에 빠져 있으면 현실과 가상 세계를 구별하는 데 혼란이 와서 일상생활에 지장이 생길 수 있어요. 또 가상 공간에서 개인정보를 공유해서는 안 돼요. 친구라고 생각했는데 삼사십 대 아저씨이거나 신원을 파악할 수 없는 사람인 경우도 많고, 성폭행 문제가 생기기도 한다니 조심해야 한답니다.

내 정보는 내가 지킨다

하얀 눈이 소복이 쌓인 길에 발자국이 콕콕 찍히는 것처럼 디지털 미디어에 기록이 남는 걸 디지털 흔적(digital footprint)이라고 해요. 방문한 웹사이트, 찾아본 검색어, 이메일, SNS에 올린 글 등 온라인에서 한 모든 활동 기록이죠. 이런 흔적은 한 번 생기면 지우기가 힘들어요. 언제, 어디에 기록을 남겼는지 기억하지 못하기도 하고, 캡처해서 다른 곳에 퍼 나르면 지우기 힘들어요. 이렇게 모인 디지털 정보는 여러분에 관한 많은 정보를 담고 있어요. 특히 이름, 전화번호, 집 주소, 가족 이름, 학년, 반, 번호, 그리고 주민등록번호 등과 같은 '개인정보'는 주의해야 해요. 개개인이 가지고 있는 특별한 정보니까요.

당사자 허락 없이 개인정보가 누군가에게 흘러 들어가는 걸 개인정보 유출이라고 해요. 이런 일이 일어나지 않게 하려면 가능한 한 누구도 풀지 못할 강력한 비밀번호를 쓰는 거예요. 비밀번호는 자신과 관계되는 번호로 만들지 말아야 하는 것도 꼭 기억하세요! 그리고 서너 달에 한 번씩 주기적으로 비밀번호를 변경하면 더욱 안전하게 개인정보를 지킬 수 있어요. 공공 와이파이를 사용할 때 중요한 개인정보를 입력하지 않고, 컴퓨터와 스마트폰에는 최신 보안 프로그램과 백신 프로그램을 설치하고요. 메일 계정에 두 단계 인증(2FA)을 설정하는 것도 좋아요. 문을 두 단계로 설치해서 두 번 확인하는 효과가 있으니까요. 개인정보를 최소한으로 공유하는 습관을 길러야 해요.

> **개인정보**
>
> 이름, 전화번호, 집 주소, 가족 이름, 주민등록번호 등 나에게만 속한 특별한 정보예요. 개인정보는 유출되지 않도록 조심해야 해요.

　신나게 온라인 게임을 하던 동민이는 오늘 할 수 있는 공짜 게임 시간이 다 끝나 아쉬운 마음이 들었어요. 다시 하려면 30분을 기다려야 하는데, 무료 게임 광고가 딱 떴어요. 재미있을 거 같아 광고를 클릭하니 이번에는 이름과 주소, 전화번호를 입력하는 창이 떴어요. 그런데 미성년자라 입력이 안 된다는 거예요. 고민하던 동민이는 엄마 정보를 입력하고 게임을 하기로 마음먹었어요. 그래 봤자 이름, 주소, 전화번호인데 무슨 일이 있으랴 카드 번호나 통장 번호도 아닌데 무료로 게임만 하고 얼른 지워 버리면 된다고 생각했답니다. 게다가 컴퓨터가 엄마인지 동민이인지 구별할 수도 없을 테니 괜찮다고 생각했어요.

　여러분은 이런 적이 있나요? 모르고 했다 하더라도 자신의 개인정보가 아닌 다른 사람의 정보를 유출하는 것은 범죄가 될 수 있답니다. 개인정보가 중요한 만큼 대부분의 국가에선 개인정보 보호에 관한 법률이 있어요. 유출만이 아니라 무단으로 개인정보를 수집해서 사용하거나 공개하는 것 역시 금

　지하고 있답니다. 이를 보호하려는 차원에서 「개인정보보호법」, 「정보통신망법」, 「위치정보법」 등이 있답니다.

　동민이와 같이 엄마의 정보를 유출하면 엄마의 정보가 신분 도용이나 사기 같은 범죄에 이용될 수도 있어요. 게임을 하기 위해 부모님의 정보를 전부 입력했다가 금전상으로 큰 손해를 보게 된 사례도 있어요. 또 광고성 전화나 문자가 늘어나기도 해요. 동민이가 입력한 정보는 광고하려는 사람들이 돈을 주고 사 가는 정보가 되니까요.

　친한 친구가 부탁한다고 해도 개인정보에 해당하는 것은 절대 가르쳐 주면 안 된답니다. 만약 친구가 자꾸자꾸 귀찮게 조른다면 개인정보 유출은 법으로 금지되어 있다는 것을 알려 주세요. 마지막으로 PC방에서 로그아웃한 후 종료하는 것도 잊지 말아요. 만약 자신의 정보가 유출되어 문제가 생겼다면 선생님이나 어른들과 상의하거나, 한국인터넷진흥원 118 사이버 민원센터로 연락하세요. 가능한 한 최대한 빨리요. 더 큰 문제가 발생하기 전에요.

 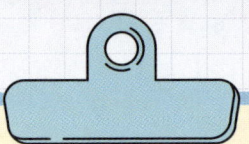 **나도 팩트 체크!**

● 친구들 혹은 가족들과 평소에 팩트 체크를 해 보고 싶은 것들을 적고, 활동 예시에 따라 팩트 체크를 해 보세요.

> **활동 예시**
> 1. **주제 선정하기** 공부하기 전에 껌을 씹으면 집중이 더 잘된다.
> 2. **주제에 관해 알고 싶은 것?** 실제로 공부하기 전에 껌을 씹으면 집중력이 향상되나요?
> 3. **정보 찾기** 책, 과학잡지, 인터넷 등에서 주제 관련 정보를 찾아요. 예를 들어 실험 결과 등이 있는지 찾아요.
> 4. **글로 정리하기** 서론, 본론, 결론의 형식으로 글을 써요.
> 5. **결과 공유** 가족이나 친구들과 결과를 공유하고 이야기 나눠요.

주장 이해하기	
주장의 출처 찾기	
전문가 의견 찾아보기	
책이나 인터넷 자료 찾아보기	
찾은 자료들의 출처 확인하기	
팩트 체크 결론 내리기	

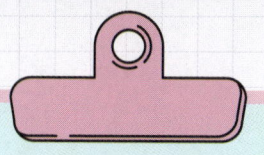

초성을 보고 단어를 맞혀라!

○ 다음 내용을 읽고 제시한 초성에 맞는 단어를 찾아보세요.

1. **ㅁㅌㅂㅅ** 《스노우 크래시》라는 책에 처음 나왔어요. 컴퓨터로 만든 특별한 세상이에요. 지금은 가상 현실이나 증강 현실 등이 포함돼요. 여기서는 마치 실제처럼 여러 가지를 할 수 있어요!

2. **ㅁㅌ** '넘어서다' 또는 '그 너머에'라는 뜻이에요. 우리가 아는 세상을 넘어서는 새로운 것들을 의미해요.

3. **ㅇㄴㅂㅅ** '우주' 또는 '전체 세계'를 의미해요. 모든 것이 포함된 큰 공간이죠.

4. **ㅇㅂㅌ** 가상 세계에서 우리를 대신해 활동하는 캐릭터예요. 원하는 모습으로 만들 수 있어요!

5. **ㅈㄱ ㅎㅅ** 실제 세계에 컴퓨터로 만든 이미지나 정보를 보여 주는 기술이에요. 예를 들어, 스마트폰으로 보면 실제 세상에 없는 것들이 보이는 거예요!

6. **ㄱㅇ ㅅㄱ** 실제 세상을 복사한 것 같은 컴퓨터 세계예요. 여기서는 실제와 똑같은 모습을 볼 수 있어요.

7. **ㄱㅅ ㅅㄱ** 컴퓨터로 만든 세상이에요. 여기서는 마음대로 탐험하고 놀 수 있어요.

8. **ㄹㅇㅍㄹㄱ** 매일의 생활을 컴퓨터나 스마트폰으로 기록하는 거예요. 사진이나 동영상, 글로 일상을 남길 수 있어요.

라이프로깅 가상 세계 메타버스
아바타 거울 세계
증강 현실 유니버스 메타

제 5 장

지혜로운 미디어 생활을
위하여!

#초연결 사회 #AI #인공지능 #딥러닝 # ChatGPT #대화형프로그램
#등급 #영상물등급제 #방송등급제 #게임물등급제 #보호 #적합한콘텐츠 #반두라
#게임 #게이미피케이션 #게임화 #게임처럼만들기 #e스포츠 #프로게이머 #페이커
#과유불급 #밈 #모방 #리처드도킨스 #이기적유전자 #문화진화 #문화콘텐츠 #소통방식
#뉴진스하입보이요 #맥락의이해 #건강한밈 #초상권 #저작권 #창작물 #주인의권리
#70년간보호 #원숭이셀카사진 #나루토

　드디어 기다리던 방학이 되었어요. 미리와 리아, 다온이는 방학 동안 신나게 놀 계획을 짜기로 했어요.

- 이번 방학에는 우리 영화도 보고, 게임도 많이 하고 하여튼 할 거 다 해 보자.
- 챗지피티(ChatGPT)는 13세 이상만 쓸 수 있는데, 지금은 보호자가 없으니 우리 키즈 챗(Kids Chat)에 방학에 놀 계획을 짜 보라고 해 볼까?
- 와! 진짜? 너 그거 쓸 줄 알아?

　다온이는 별것 아니라는 식으로 어깨를 으쓱거리며 평소 자신이 자주 사용하는 키즈 챗에 친구들과 놀 계획표를 짜 달라고 입력했어요.

- 어? 근데 이 영화 우리가 볼 수 없는 등급 아닌가?
- 맞네! 이거 19금인데.
- 이게 뭐야? 이 게임도 청불 등급인데. 이거 왜 이러는 거야?
- 뉴진스의 하입보이요.
- 그게 언제 적 밈인데. 그러지 말고 우리 사진전 보러 가지 않을래?

셀카 찍는 원숭이 나루토 사진전!

 원숭이 셀카? 정말 재밌겠다!

 재밌겠지?! 사진 저작권 문제로 유명했잖아.

 원숭이에게 저작권이 있는 거야?

 그럴 리가? 사진을 찍은 사진작가에게 있지 않을까?

 이런 걸 누구에게 물어봐야 하지? 키즈 챗에 물어볼까?

 근데 또 엉뚱한 대답을 하면 어떻게 해? 미국에서 만든 거라서 우리가 하는 말을 못 알아듣는 거 아닐까?

 그건 아닌 거 같아. 질문을 다시 잘하면 되지 않을까? 좀 더 구체적으로 물어봐야겠어.

 컴퓨터와 이야기하려면 질문 잘하는 법도 배워야 하는 거야? 나는 궁금한 게 있어도 선생님이나 친구들에게도 질문을 잘 못하는데….

 좋은 대답을 얻으려면 질문도 잘해야 한다는 거구나.

여러분은 평소에 질문을 잘하는 편인가요? 근데 정말 나루토 원숭이의 셀카 사진의 저작권은 누구에게 있는 걸까요?

기계랑 대화하는 세상

　기계랑 대화하는 세상이 된 지는 꽤 되었지만, 막상 기계랑 대화해 봤냐고 물으면 다들 고개를 갸우뚱해요. 일상화된 일이라 의식하지 못하기 때문인 듯해요. 드라마의 한 장면이 떠오르네요. 강물에 빠뜨린 스마트폰을 찾는 상황이었어요. 스마트폰 주인이 "빅스비! 빅스비!" 하며 물가에서 크게 소리치자 "네, 저 여기 있어요"라고 스마트폰이 소리를 내면서 빛이

반짝하는 거예요. 물속에 빠진 스마트폰을 정말 쉽게 찾는 장면이었어요.

사물과 사람이 디지털 미디어를 통해 연결되는 것을 '초연결 사회'라고 해요. 집에 있는 로봇 청소기와 차, 에어컨 등이 스마트폰과 연결되어 있어 언제 어디서나 작동시킬 수 있는 바로 그런 거예요. 스마트폰 앱에서 청소 시작을 누르면 로봇 청소기가 "네, 청소를 시작할게요"라고 말하고 작동해요. 청소가 다 끝나면 "청소가 다 끝났어요. 이제 복귀할게요"라고 말하고요.

인공지능(AI) 기술이 있어 가능해진 거지요. 인공지능이란 컴퓨터나 기계가 뇌를 가지고 있는 사람처럼 학습하고 문제를 해결할 수 있든 기술이에요. 2010년 이후 딥러닝이 발전하면서 컴퓨터의 학습력이 빠르게 성장했어요. 딥러닝은 컴퓨터에 글, 사진 또는 말을 이해하도록 학습시키는 거예요. 2016년 알파고와 이세돌 9단의 바둑 대국에서 알파고는 기존의 컴퓨터와는 다르게 딥러닝과 강화학습을 통해 스스로 학습하는 창의적인 모습을 보여 주었어요. 이때부터 사람들은 인공지능이 인류에 어떤 영향을 미칠지 고민했지요.

인공지능
artificial intelligence

컴퓨터나 기계가 뇌가 있는 사람처럼 학습, 추리, 적응, 논증 따위의 기능을 갖춘 시스템으로 문제를 해결할 수 있는 기술이에요.

생각의 폭을 넓히는
핵심 콕 강의

ChatGPT는 인공지능 분야 전문가들이 모여 있는 OpenAI라는 회사에서 만든 대화형 프로그램이에요. 우리가 질문을 입력하면 문장을 이해하고 그에 맞는 답을 해 주죠. 도서관의 모든 책을 다 읽은 척척박사와 대화하는 느낌이에요.

간단한 대답만이 아니라 여행을 갈 때 전문 가이드처럼 일정을 짜기도 하고, 말하는 대로 그림을 그리기도 하고, 사람과 대화하는 것처럼 자연스럽지요. 직접 경험하면서 놀라웠던 점은 앞에서 이야기한 주제를 다시 이야기할 때 주어나 목적어가 생략되어도 대화가 이어진다는 점이에요. 진짜 사람과 대화하는 것처럼요.

 오늘 우울해서 빵을 샀어.

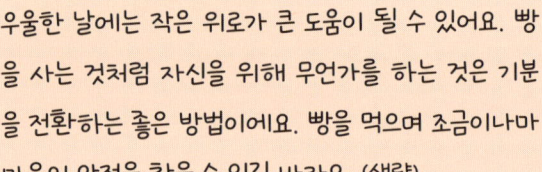 우울한 날에는 작은 위로가 큰 도움이 될 수 있어요. 빵을 사는 것처럼 자신을 위해 무언가를 하는 것은 기분을 전환하는 좋은 방법이에요. 빵을 먹으며 조금이나마 마음의 안정을 찾을 수 있길 바라요. (생략)

 ChatGPT

 근데 왜 그럴까?

우울함을 느끼는 이유는 사람마다 다양하고 복잡할 수 있어요. 몇 가지 일반적인 원인을 살펴보면, 다음과 같은 것들이 있습니다. (생략)

 빵이 도움이 될까?

빵을 먹는 것이 우울한 기분에 잠시나마 도움이 될 수 있습니다. (생략)

어때요? 형식에 맞추지 않아도 대화의 흐름을 이해하고, 다정한 말투로 대답해 주네요. 여기에서는 생략했지만 기분을 좋게 바꿔 줄 처방도 해 주었답니다. 기특하다는 생각이 들 정도예요.

하지만 아직 주제에 따라 잘못된 정보를 주기도 해서 중요한 정보라면 정확한 출처를 확인해야 해요. 완벽한 거짓말쟁이처럼 너무 그럴듯하게 설명하기도 하기 때문이에요.

모든 것에는 등급이 있다

 편의점에 가서 음료수를 고를 때 우리는 고민하게 돼요. 한정된 돈을 가지고 가장 좋은 선택을 하고 싶기 때문이죠. 이런 경제적인 이유 말고도 고민해야 하는 것이 또 있답니다. 어린이가 마실 수 있는 음료인지 구별하는 것도 필요해요. 온통 영어로 쓰여 있어서 몰랐는데 카페인 음료수였다면 망했다는 생각이 들 거예요. 뚜껑을 따지 않았다면 다른 음료와 바꿀 수 있지만 예쁘고 알록달록한 디자인만 보고 맛있을 거라는 기대로 바로 개봉했다면 다시 새 음료수를 사야 할 테니까요.

등급제

영상물, 방송, 게임 등에 붙이는 것으로 보통은 연령 기준으로 나눠요. 전체이용가, 12세 이용가, 15세 이용가, 청소년 이용 불가 등이 있어요.

등급제도 이와 비슷하답니다. 음료수 라벨에 어떤 성분이 들어 있는지 표시가 되어 있었을 텐데, 그걸 잘 살펴보지 않고 무조건 병이 예쁘거나 포장이 예뻐서 사면 손해를 볼 수 있잖아요. 등급제도 이처럼 우리가 보려고 하는 영상물, 방송, 게임 등과 관련된 다양한 매체 내용에 따라 누가 볼 수 있는지 쉽게 판단할 수 있도록 표시한 거랍니다. 앞서 음료수도 라벨을 확인하지 않으면 당황스러운 일을 겪을 수 있듯 콘텐츠를 선택할 때도 등급 표시를 잘 살펴봐야 해요.

등급제는 어린이뿐 아니라 청소년과 성인을 위해서도 만들었어요. 각 연령대에 적합한 내용을 선택할 수 있도록 도와주기 위해서예요. 가치관이나 취향, 연령에 따라 선택할 수 있도록 중요한 정보를 제공한답니다. 이 책 132쪽에 게임과 관련해서 어떤 기준으로 등급을 분류하는지 정리해 두었어요. 등급을 참고하며 슬기로운 미디어 생활을 해 보기로 해요.

우리나라 등급제는 주로 영화, 방송, 게임 등의 콘텐츠를 대상으로 실시하고 있어요. 가장 먼저 시작한 것은 1962년 영화 등급제랍니다. 「영화법」이 만들어지면서 청소년을 보호하고 연령대별로 적합하게 관람할 수 있도록 만들었어요.

방송 등급제는 2000년대 초반에 시행되었는데 방송이 주는 영향력과 다른 매체보다 쉽게 접근할 수 있는 점 등을 고려해, 아동과 청소년을 부적절한 방송으로부터 보호하기 위한 목적이었어요.

게임 등급제는 2006년에 게임물 등급 위원회의 설립과 함께 시작되었는데 사용자가 자신에게 적합한 게임을 선택하도록 돕고 청소년과 어린이가 부적절한 게임 콘텐츠에 노출되는 것을 방지하기 위해 마련했어요. 제목만 보고 들어갔는데 뜻하지 않게 무서운 장면, 욕설, 지나친 폭력 등에 노출될 수 있으니까요.

심리학자 반두라가 우리나라 오뚝이 인형과 비슷한 보보인형을 가지고 실험을 했어요. 한 방에서는 보보인형을 예뻐해 주는 장면을, 다른 방에서는 보보인형에 공격적인 행동을 하는 모습을 어린이들에게 보여 준 다음 인형을 어떻게 가지고 노는지 관찰했어요. 어린이들이 어른의 행동을 어떻게 관찰하고 모방하는지 알아보기 위한 실험이었죠.

결과적으로 어린이들은 자신이 관찰한 어른의 행동을 모방하며 인형을 가지고 놀았어요. 미디어도 이처럼 어린이들의 성장에 많은 영향을 줄 수 있다는 걸 예상할 수 있어요. 그러니 적절한 시청 연령을 알려 주는 등급제가 없다면 어린이들이 따라 하면 안 되는 행동들도 모방할 수 있게 된다는 거죠.

적합한 콘텐츠를 선택해 미디어를 이용한다는 것은, 유해한 콘텐츠로부터 자신을 보호하는 일일 뿐 아니라 생각과 행동에 본보기가 될 수 있는 미디어를 선택해 긍정적인 영향을 받을 수 있도록 하는 일이랍니다. 그러니 다양한 미디어를 볼 때 미리 등급표에 따라 선택하는 습관을 들여 건강한 미디어 생활을 할 수 있어야 해요.

게임도 공부라고?

여러분은 게임을 할 때면 시간 가는 줄 모르고 하게 되지 않나요? 만약 아무도 말리지 않는다면 얼마 동안이나 게임을 할 수 있을까요? 기네스북 기록에는 미국 캘리포니아의 캐리 스와이텍스키가 138시간 넘게 게임을 했다고 해요. 정말 대단하네요!

게임 속에서는 자기가 원하는 우주 최강의 마법사가 되기도 하고, 전사가 되어 새로운 레벨에 도전하고 또 통과하는 과정에서 성취감을 얻을 수 있지요. 친구들과 게임을 함께 하고, 게임 이야기를 나누면서 친해지기도 하고요.

'게이미피케이션'은 영어 단어 '게임'에 '~화하기'라는 단어를 합한 거예요. 공부할 때나 새로운 것을 배울 때 게임처럼 한다면 지루하지 않고 흥미를 갖고 꾸준히 할 수 있을 거란 생각에서 시작되었어요. 그래서 게이미피케이션이란 말은 '게임화', '게임처럼 만들기', '게임처럼' 등의 말로 바꾸어 써도 된답니다.

눈치채지 못했겠지만, 온라인 학습에서 문제를 맞힐 때마다 점수가 올라가 다음 단계로 넘어가는 것도 게이미피케이션을 이용한 것이죠. 학습만이 아니라 일상에서 목표를 실행하는 데도 게임처럼 진행되는 게 많답니다. 책을 일정 쪽수 이상 읽으면 포인트를 주고 상품을 받을 수 있는 것이나 건강 앱에서 목표한 걸음 수를 걸으면 메달이나 운동복 같은 상품을 받을 수 있는 것 등도 모두 게이미피케이션이랍니다.

게이미피케이션
gamification
= game + ~fication

일상의 일이나 학습같이 게임이 아닌 것을 게임처럼 재미있게 만드는 일을 말해요.

　예전에는 게임이라고 하면 놀이라고만 생각하기도 하고, 잘 못하면 게임에 빠져 공부도 안 하고 학교생활도 잘 못할 거란 생각에 혼나기 일쑤였답니다. 그러나 요즘엔 게임이 단순한 놀이의 개념이 아니라 e스포츠라는 이름으로 전문적인 스포츠로 발전했어요.

　e스포츠는 전자 스포츠(electronic sports)의 줄임말로, 비디오 게임을 기반으로 한 경쟁 스포츠를 말해요. 프로게이머들이 개인 또는 팀으로 경기하면서 진행되는데 세계적인 대회가 열리기도 하죠. '리그 오브 레전드'라는 게임에서 세계 최고가 된 페이커 선수는 프로게이머가 되기 위해 자신만의 목표를 가지고 끊임없이 전략을 세우며 매일 연습하고 노력했다고 해요.

　이렇게 게임이 예전과 달라져서 여러 가지 면에서 부정적이지만은 않다고 하지만 조심해야 하는 면들도 있어요. 지나친 몰입이야말로 가장 큰 문제가 될 거예요. 장시간 앉아서 게임을 하면 중요한 다른 일을 하지 못하는 것뿐 아니라 운동도

부족하고 구부정한 자세로 컴퓨터 모니터를 오래 보기 때문에 체형이 변하기도 해요. 당연히 눈도 나빠질 거예요.

 게임에 많은 시간을 보내면 공부할 시간이 부족하기도 하고, 머릿속이 온통 게임 생각으로 가득해 중요하게 해야 하는 숙제 등을 잊는 경우도 자주 있을 거예요. 이런 일이 반복되면서 부모님이나 가족들과의 사이도 문제가 생기는 일도 많아요. 또 온라인 세상에서 살다 보니 인간관계가 어려워져 스트레스와 불안 증세 등이 나타나기도 한답니다.

 과유불급이라는 말처럼 적당한 수준을 유지할 수 있어야 해요. 앞에서 이야기한 것처럼 게임에 지나치게 몰두하는 것도, 반대로 단순한 오락을 넘어 스포츠가 된 게임을 부정적인 면만 보고 절대 하면 안 된다고 해서도 안 되고요.

 게이미피케이션이 나온 목적이 게임처럼 즐기면서 학습이나 일에 능률을 올릴 수 있기 위해서였다는 것을 알고, 게임이든 학습이든 운동이든 생활하는 모든 면에서 균형을 맞추는 것이 중요하답니다.

뭣이 중헌디? 최신 유행이라고?

'밈'은 기존에 있던 말이 아닌 새롭게 창조된 말이랍니다. '모방'이라는 말과 '유전자'라는 말을 결합해 만든 말이에요. 1976년 리처드 도킨스라는 진화생물학자가 쓴 《이기적 유전자》라는 책에 처음 나온 말이었어요.

밈은 사람들이 어떻게 창의적인 아이디어나 말, 행동 등을 서로 모방하며 전달하고 공유하는지 설명하고 싶어 만든 말이라고 해요. 유전자가 어떻게 생물들의 행동이나 진화에 영향을 미치는지 설명하면서, 밈이라는 개념으로 문화가 어떻게 진화되는지 이해하는 새로운 방법을 제시했답니다.

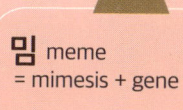

밈 meme
= mimesis + gene

인터넷 커뮤니티나 SNS 등에서 다양한 창의적인 아이디어를 공유하거나 모방하며 소통하는 문화를 말해요.

현재 밈은 인터넷 문화에서 다양한 사회 현상과 문화를 설명하는 중요한 역할을 하는 듯해요. 유명한 영화나 TV의 프로그램의 한 장면, 혹은 재치 넘치는 문구 등이 빠르게 유행하면서 패러디되는 콘텐츠도 밈이 될 수 있답니다.

한편으로는 이해하는 순간 밈은 의미가 없어진다는 말이 있어요. 밈의 매력은 예측 불가능성과 즉흥성에 있는데 널리 퍼져 익숙해지면 재미나 의미가 적어지기 때문이에요.

밈이란 것이 때때로 사회적으로 중요한 메시지나 생각을 전달하는 방법이 되기도 하고, 밈을 통해 사회적 문제나 민감한 사항에 대한 의견들을 표현하기도 해요. 왜 이런 밈이 유행하는지 생각해 본다면 지금의 사회나 사람들을 이해하는 데 도움이 될 거예요.

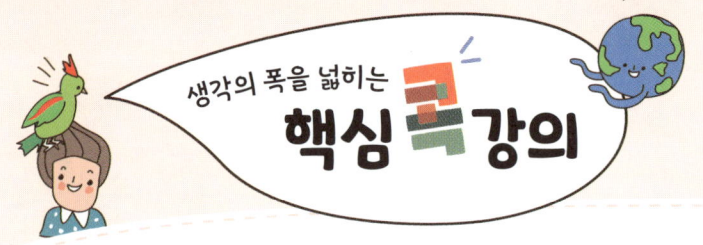

'뉴진스의 하입보이', '사딸라', '아무노래챌린지' 등이 한때 유행한 밈들이랍니다.

어떤 사람은 왜 '뉴진스의 하입보이요'가 밈인지 이해하지 못할지도 몰라요. 이 밈은 길 가는 사람들에게 도움을 청하거나 무엇인가를 물어볼 때 그들이 자신이 듣고 있던 노래 제목을 알려 주는 동문서답 형태의 유머라고 해요. 이런 영상이 변형되어 거의 모든 질문에 "뉴진스의 하입보이요"라고 답하고 춤을 추며 멀어지는 형태로 발전했답니다. 도대체 왜 이런 대답을 하는지 이해하기 위해 많은 질문을 했던 기억이 나네요. 밈에 대한 이해가 부족했던 거죠. 그냥 밈인가 보다 하고 웃어야 하는데 앞뒤 이야기를 모르면 웃을 수가 없지요.

밈을 이해하려면 어떻게 시작되었는지 특정한 맥락에 대한 이해가 있어야 해요. 맥락을 이해하기 위해서는 문화적, 사회적 이해도 필요해요. 예를 들면 대부분의 밈은 미디어 콘텐츠의 재미있는 장면을 다른 상황에 적용하거나, 그 장면이 나오는 대사를 농담처럼 사용하면서 만들어지거든요. '사딸라'라

는 밈도 〈야인시대〉라는 드라마의 한 대사를 누군가 인용하면서 밈으로 발전한 것이죠. 광고에까지 나오면서 수도 없이 들었던 기억이 나네요. 같은 미디어를 보고도 누군가는 어떻게 그런 대사나 장면을 다른 곳에 안성맞춤으로 가져다 쓸 생각을 했는지 정말 감탄이 나오기도 해요.

 어떤 밈이 유행할 때 맥락을 이해하면 사람들이 어떻게 생각하고 무엇을 좋아하는지 이해할 수 있어요. 하지만 누군가를 놀리거나 기분을 상하게 하는 밈도 있어요. 의도하지 않았지만 어떤 대상을 비하하거나, 차별하게 되는 경우도 있을 수 있어요.

 한편으로는 다른 나라에서 유행하는 밈을 보면서 그 나라의 문화와 유머를 배우기도 하지요. 이런 걸 보면 이제 밈은 단순히 즐기는 놀이가 아닌 소통의 도구인 듯도 해요. 그러니 누구나 재미있게 즐길 수 있는 건강한 밈을 만들어야 하지 않을까요? 여러분도 창의적이면서 누구나 재미있게 즐길 수 있는 밈을 만들길 바라요.

예절 마스터, 저작권

리오는 미술 대회 수상자 발표날 두근거리며 자신의 이름이 나오길 기다리고 있었어요. 하지만 아쉽게도 입상을 못 했어요. 리오는 실망하기는 했지만 다음 기회에 도전해 보기로 했어요. 다음 대회를 준비하는 데 도움이 될 거 같아 상을 탄 친구들의 그림을 살펴보았어요. 그런데 앗! 우수상을 탄 그림은 분명 리오가 그린 그림인데 친구의 이름이 쓰여 있는 거예요!

이런 상황이라면 리오는 저작권을 주장할 수 있어요. 그림 그린 사람이 자신의 권리를 주장하는 게 맞아요. 저작권은 유명한 화가나 작가, 음악가만이 아니라 창작물을 만든 모든 사람에게 자동으로 생겨요. 저작권은 새로운 것을 만들었을 때 창작자가 가지는 주인의 권리니까요.

저작권

저작권은 새로운 창작물에 대해 만든 사람이 가지는 권리예요. 살아 있는 동안과 죽은 후 70년간 있어요.

'나'에 대한 권리도 있어요. 얼굴이나 신체 혹은 이름 등에 대한 것으로 초상권이라고 해요. 이런 초상권은 누구에게나 있답니다. 친구가 입 벌리고 낮잠 자는 모습이 웃겨서 조회수가 많이 나올 거 같은 욕심에 친구 허락 없이 인터넷에 올리는 건 안 돼요. 초상권은 사진을 찍기 전에 허락받는 게 좋아요. 여의찮은 경우라면 AI 지우개로 지우거나, 모자이크 처리나 스티커 등을 붙여서 누구인지 모르게 해야 한답니다. 초상권은 얼굴에만 있는 것이 아니라 우리의 손, 발, 어깨, 다리 등 모든 것에 있어요. 모르는 사람이 나의 얼굴이나 신체 사진을 갖고 싶다고 말한다면 단호하게 거절해야 해요. 나의 신체 중 어느 곳도 소중하지 않은 곳은 없으니까요!

저작권과 관련된 재미있는 사건이 있어요. 2011년 영국인 사진작가가 원숭이 무리를 촬영하기 위해 인도네시아의 숲에 갔답니다. 촬영 중 잠시 쉬고 있는데 검정짧은꼬리원숭이가 셀카를 찍은 거예요. 그 후 사진전에서 원숭이가 흰 이를 드러내고 환하게 웃는 모습이 원숭이의 셀카 사진인 게 세상에 알려지자 유명해졌답니다. 원숭이가 셀카 사진을 찍는다니 놀랍잖아요.

그러나 사진작가는 두 번의 재판을 하게 되었답니다. 첫 번째는 위키피디아가 인터넷에 사진작가의 허락을 받지 않고 올린 일이었어요. 위키피디아 측은 저작권이 원숭이에게 있으므로 아무나 사용해도 된다고 주장했어요.

두 번째는 동물보호단체가 원숭이 셀카 사진의 저작권이 원숭이에게 있다며 원숭이를 위해 수익금을 써야 한다고 했답니다. 소송을 하는 동안 셀카를 찍은 원숭이는 나루토라는 이름도 갖게 되었죠.

어떤 판결이 내려졌을까요? 법원은 인간이 아닌 나루토(원숭이)에게 저작권이 있다는 건 인정할 수 없다고 했답니다. 그러나 동물보호단체는 계속해서 나루토에게 이익금을 줘야 한다고 주장했어요. 결국 사진작가가 수익 일부를 나루토를 위해 쓰는 것으로 합의하며 끝이 납니다.

 이 사건 이후로 동물들의 법적인 권한에 관해서 생각해 보는 계기가 되었다고 해요. 그런데 이것보다 더 우리를 고민하게 만드는 저작권 문제도 있답니다. 인공지능이 그린 그림의 저작권이 누구에게 있는가 하는 문제랍니다. 여러분은 인공지능이 그린 그림의 저작권이 누구에게 있다고 생각하나요? 나루토 원숭이처럼 인간이 아닌 동물이나 인공지능에 저작권을 줄 수 없다고 생각하나요?

 이미지를 생성하는 인공지능은 원하는 이미지 파일을 올리거나 말이나 글로 명령하면 그림을 그려 준답니다. 실제로 미드저니라고 하는 인공지능 소프트웨어로 그린 그림이 미술대회에서 우승해 논란이 되었어요. 어떤 그림을 그릴지 창작자가 명령했다는 점을 인정한 사례랍니다.

 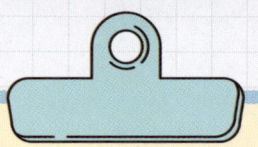 나의 게임을 **소개해 줄게!**

● 여러분이 가장 좋아하는 게임을 소개해 주세요. 게임을 소개하면서 자신의 게임 습관도 생각해 보면 좋아요.

게임명	
게임 방법	
게임 특징	
내가 좋아하는 이유	
주의점	
추천의 한마디	
내가 생각하는 나의 게임 습관	

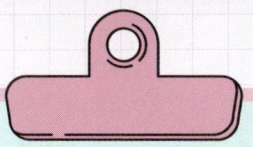

나도 저작권자가 될 테야!

● 컴퓨터가 그린 그림도 진짜 예술이 될 수 있을까요? 인공지능이 그린 그림이 미술 대회에서 상을 타는 일이 공정한 일인지에 관해 의견들이 다양하답니다. 여러분은 어떻게 생각하나요? 인공지능이 그린 그림이지만 화가의 아이디어로 완성된 것이니 예술이라고 생각하나요? 아니면 예술은 사람이 하는 것이라고 생각하나요? 이유와 함께 자신의 주장을 글로 써 보세요.

나의 주장	
이유 또는 근거	

부록

댓글 예절을 지켜요

하나. 댓글을 달 때는 직접 만나서 얼굴을 보고 말한다고 생각하고 달아요.

둘. 나와 다른 의견도 존중해요. 내 생각도 다른 사람의 의견과 다를 수 있어요.

셋. 잘 모르는 내용을 진짜인 거처럼 올리지 않아요. 팩트 체크를 통해 정확하게 확인된 정보만 올려요.

넷. 부적절한 댓글은 직접 대응하지 말고 신고하거나 어른들에게 말해서 도움을 받아요.

나 (_____)는(은)

오늘부터 댓글 예절을 지킬 것을 서약합니다.

날짜   년   월   일   사인

이런 것도 궁금해요 Q&A

최초의 미디어는 무엇인가요?

최초의 미디어는 우리가 배운 미디어의 개념을 생각한다면 의사소통과 정보 전달을 가능하게 하는 음성이라고 생각해. 우리는 태어나면서 울음이나 옹알이로 의사 표시를 하잖아. 또 아직도 우리 주변에 전래 동화나 구전 가요처럼 말로 전해져 내려오는 전통문화를 보면 음성 언어가 가지고 있는 전달력을 알 수 있어.

시각적으로 형태가 남아 있는 최초의 미디어는 동굴 벽화라고 할 수 있어. 동굴 벽에 그림을 그려 서로의 이야기를 전달했거든. 벽화를 통해 수천 년 전에 살던 사람들의 생활이나 사냥, 종교적 의식 등을 알 수 있으니까.

파피루스라는 종이가 발명된 후에는 글과 그림을 그려 책을 만들었지. 그리고 구텐베르크가 활자를 만들고 인쇄기를 발명하면서 급속히 발전해. 신문도 만들어지고, 기술이 발전하면서 라디오와 텔레비전 등이 나타나고, 오늘날의 디지털 미디어까지 이어져 왔어. 이렇게 다양한 형태의 미디어가 시간이 흐르며 발전했고 우리는 이를 미디어 생태계의 변화라고 해.

매스 미디어는 어떤 건가요?

매스 미디어라는 말보다 개인 미디어, 1인 미디어, 소셜 미디어 같은 말을 더 많이 들어 봤을 거야.

'매스(mass)'라는 단어는 '대중'이라는 뜻이 있어서 대중을 상대로 하는 미디어를 말해. 예를 들면 신문, 텔레비전, 라디오, 잡지, 영화 등이지. 하지만 요즘 인터넷과 소셜 미디어도 매스 미디어의 형태로 생각하기도 해. 대중 미디어의 속성을 다 가지고 있기 때문이야.

인터넷과 소셜 미디어는 전 세계적으로 사용하니까. 인터넷이나 소셜 미디어는 국가 간 경계가 없어졌거든. 시공간을 초월했다고 볼 수 있지. 그러니 전달력은 말할 필요가 없을 정도로 빨라. 실시간으로 전달되니까. 그렇다면 당연히 사회적 영향력 또한 클 수밖에 없어. 사회적 영향력은 많은 사람이 관심을 가지면 생기는 것이니까.

 뉴스에서 육하원칙이 중요한 이유는 뭔가요?

 육하원칙은 '누가(Who), 언제(When), 어디서(Where), 무엇을(What), 왜(Why), 어떻게(How)'를 말해.

뉴스에서 육하원칙이 중요한 이유는 정확하고 명확하게 내용을 전달해야 하기 때문이야. 뉴스는 알리고자 하는 정보가 객관적이고, 정확하고, 명확해야 하거든.

하지만 육하원칙에서 한두 가지가 빠지기도 해. 사건이 진행 중인 경우라든가 '왜'나 '어떻게'가 채 밝혀지지 않아서도 그렇지. 이 중에 꼭 필요한 게 뭐냐고 묻는다면 글을 쓰는 사람에 따라 다를 수는 있어. 예를 들면 교통사고가 났는데 '누가, 언제, 어디서, 어떻게' 사고가 났는지도 중요하겠지만 '무엇을: 교통사고'를, '왜: 졸다가'만 있어도 핵심 내용을 알 수 있잖아. 어떤 경우는 '누가'와 '왜'를 꼽기도 할 거야.

정보 지체 현상은 뭔가요?

정보 지체 현상은 새로운 정보가 사람들에게 전달되는 시간이 늦어지는 현상을 말해. 미디어 접근성에 차이가 있기 때문이야. 신문을 보지 않거나, 인터넷을 사용하지 않는 사람들은 그만큼 정보가 늦게 도달할 테니까. 또 문화나 언어가 다르니까. 해외에서 유행하는 것이 우리나라에 빠르게 전달되는 것도 있지만 그렇지 못한 것도 있어. 근데 요즘은 새로운 정보에 관심이 많은 사람이 있기도 하지만 그렇지 않은 사람들도 있지. 이런 정보에 관한 관심의 차이도 정보 지체 현상을 만드는 것 같아.
어떤 정보의 경우 몰라도 상관없는 것도 있지만 사회적으로 중요한 문제이기 때문에 반드시 상황에 따라 빠르게 정보가 전달되어야 하는 상황도 있어. 코로나19 때처럼 건강 정보나 공공 안전 관련 지침은 전달이 늦으면 적절한 조처를 하지 못해 경제적인 손실뿐 아니라 생명과 관련된 문제가 발생할 수도 있으니까. 어떻게 하면 정보가 많은 사람에게 공정하고, 효과적으로 전달될 수 있을지 고민이 필요해.

어뷰징 뉴스 때문에 문제라는데 어뷰징 뉴스가 뭔가요?

어뷰징 뉴스(abusing news)는 의도적으로 뉴스를 조작하는 행위를 말해. 영어 abusing은 '남용하다', '오용하다' 또는 '잘못 사용하다'라는 뜻이거든. 자극적이고 흥미를 끄는 제목을 달거나 사진 등을 주로 이용해. 이런 뉴스를 만드는 이유는 온라인에서의 클릭 수가 돈이 되는 시대가 되었기 때문이야.
같은 제목의 기사나 문장의 순서만을 바꾼 뉴스가 지속해 올라오는 이유지. 이런 어뷰징 뉴스는 잘못된 정보를 전달할 가능성이 커. 그리고 많은 사람이 잘못된 정보를 믿게 될 수 있어 위험하지. 그러니 뉴스를 볼 때 비판적으로 읽고, 여러 출처를 확인하는 습관이 필요해.

 언론의 공정성을 지키는 데 필요한 건 뭔가요?

 언론의 공정성을 지키기 위해서는 여러 가지가 지켜져야 하지만 그중에서도 중립성, 사실 확인과 검증 과정, 윤리적 기준을 지키는 게 중요해. 언론의 공정성을 위해 수호자 역할을 하는 언론중재위원회에 관해 알아 두면 좋을 거 같아.

언론중재위원회는 언론과 관련된 문제를 해결하는 기구야. 언론에 문제가 생겼을 경우 가운데서 중재, 즉 화해시켜 문제를 해결하도록 돕는 일을 해. 잘못된 보도나 기사로 인해 피해를 보게 된 경우 정정 보도를 요청하거나, 손해 배상 청구를 할 수 있도록 도와주는 일들을 해. 그리고 언론이 윤리적으로 책임 있는 보도를 하도록 감시하는 역할을 하기도 해. 공정한 보도가 이루어지도록 돕는 거지. 윤리적으로 책임 있게 보도한다면 언론으로 인한 피해를 보는 경우는 없을 테니까.

 '어그로를 끈다'라는 말이 있는데 '어그로 뉴스'도 같은 뜻인가요?

 재미있고 중요한 질문이야. 주로 '어그로를 끈다'라는 말로 한때 유행했지. 관심을 끌기 위한 행동을 뜻했는데 부정적인 의미로 사용하고는 했어. 대부분 관심을 받기 위해 감정을 자극하거나 논란을 일으킬 만한 행동들이었거든.

'어그로 뉴스' 역시 같은 뜻이야. 사람들의 호기심을 자극하거나, 감정을 자극하는 제목이나 내용을 담고 있는 뉴스를 말해. 온라인상에서 더 많은 클릭을 유도하기 위해서지. 어그로 뉴스는 사실이 아니거나 과장된 정보들인 경우가 많아. 정보를 전달하는 것이 목적이 아닌 관심을 끌기가 목적이니까.

그러니 자극적인 제목에 속지 말아야 해. 제목을 비판적으로 분석할 수 있어야 하고. 특히나 연예인에 관련된 뉴스 등이 그런 경우가 많아. 출처 확인이 필요해. 정말이지 뉴스를 읽을 때 한 신문사나 매체에서만 읽거나 보지 말고 여러 출처를 통해 정보의 사실 여부를 확인해 보는 게 중요해.

받아쓰기 언론이라는 말은 무슨 뜻인가요?

학교에서 했던 받아쓰기를 생각해 보면 이해하기 쉬울 거야. 선생님이 읽는 문장을 그대로 받아서 쓰는 것처럼 기자들이 다른 기자가 쓴 내용을 그대로 옮겨 적거나, 발표자가 한 말을 그대로 따라서 쓰는 것을 말해. 학교에서는 잘 받아쓰면 백 점을 맞지만, 언론에서 이 말은 부정적인 의미야.

사실을 확인하지 않고 무조건 베껴 써서 옮겨 적게 되면 허위 정보를 전파할 가능성이 커지니까. 이런 문제가 발생하는 다양한 이유 중 하나가 뉴스를 빠르게 전달해야 하는 신속성이 어느 때보다 중요해졌기 때문이야. 충분히 검토하고 보도할 시간적인 여유가 없어 누군가가 쓴 뉴스를, 누군가가 한 말을 그대로 받아쓰기를 하는 거지.

또 소셜 미디어의 영향도 있어. 유명한 사람들이 소셜 미디어에 올린 글이나 사진 등을 그대로 뉴스화하는 경우들을 자주 보게 되는 거 같아. 받아쓰기 언론은 특히나 그대로 옮겨 쓰기 때문에 따옴표를 많이 사용해 뉴스를 쓰는 경우가 많아. 따옴표가 많다는 것은 누군가 말한 내용을 그대로 썼다는 의미이기도 해. 그러니 여러분이 뉴스를 읽을 때 따옴표가 많은 뉴스는 신중하게 읽을 필요가 있다는 거 꼭 기억해.

인포데믹이 뭔가요?

인포데믹(infodemic)은 정보(information)와 전염병(endemic)의 합성어로 잘못된 정보나 악성루머가 전염병처럼 인터넷이나 소셜 미디어를 통해 빠르고 넓게 퍼지는 현상을 말해. 거짓 정보가 퍼져 사회에 심각한 영향을 주기 때문에 '정보 전염병'이라고 표현하기도 해.

이런 현상이 일어나는 원인을 하나 꼽자면 소셜 미디어를 사용하기 때문이야. 소셜 미디어를 통해 자신의 의견을 쉽게 표현할 수 있기도 하고, 언제든지, 얼마든지 공유가 가능한 초연결 사회에 살고 있잖아. 그러니 내가 알고 있는 정보를 너무나 쉽게 공유해 버리는 거지. 근데 문제가 친구가 추천해 주는 정보는 다른 정보보다 쉽게 믿게 되거든. 정보 확인 절차도 없이 말이야. 게다가 이런 정보를 재밌다는 이유로 혹은 친구도 이런 정보를 아는지 물어보면서 정말 순식간에 전염병이 퍼지듯 빠르게 퍼지지. 그래서 허위 조작 정보를 가려 낼 수 있는 미디어 리터러시 능력이 필요해.

울림통 효과가 미디어 리터러시와 어떤 관련이 있나요?

울림통 효과(echo chamber effect)는 사람들이 자신의 의견이나 신념, 생각과 같은 것들만 듣고 보게 되는 현상을 말해. 스피커 없이 큰 소리로 스마트폰으로 음악을 듣고 싶을 때 컵 같은 데 넣으면 소리가 훨씬 크게 들리고 울리잖아. 그런 것처럼 특정한 미디어 안에서만 정보를 보거나, 특정 집단 내에서 유사한 정보를 접하는 경우 나타나는 현상이야. 자신과 유사한 정보나 의견만 계속 들으면 실제보다 사실을 과대평가하게 되는 현상이지. 내가 좋아하는 연예인 뉴스나 게시물을 자주 접하다 보면 자신이 계속해서 한정된 정보만을 보고 있다는 걸 깨닫지 못할 수 있어. 마치 울림통에 갇힌 메아리처럼 돌고 도는 생각만을 하게 되는 거야.
다양한 의견이나 관점이 있을 수 있다는 열린 마음을 갖는 것이 중요해. 그래야 세상에 수많은 다양성이 존재한다는 것을 배우고 현명하게 생각할 줄 알게 될 거야.

 얼마 전 좋아하는 드라마를 보다가 방송통신심의위원회의 자막을 보았어요. 방송통신심의위원회는 어떤 일을 하는 곳인가요?

먼저, 방송 시작 전에 파란 화면에 나타나는 '방송심의에 관한 규정' 위반 내용과 '방송통신위원회의 제재 결정' 같은 문구를 보았다니 눈썰미를 칭찬해 주고 싶어. 그냥 지나치기 쉽지만 이런 내용은 방송에 무슨 문제가 있었는지를 알려 주는 중요한 정보야.
방송통신심의위원회는 TV 프로그램, 라디오 방송, 인터넷에 나오는 내용이 좋은지 나쁜지를 판단하는 단체야. 어린이가 보는 방송에 나쁜 영향을 줄 수 있는 장면들이 나오면 따라 해서 문제가 생길지도 모르잖아. 그래서 영상을 만들기 전이나 후에 방송통신심의위원회의 여러 전문가에게 평가받게 하는 거야. 미디어가 물과 공기처럼 우리 생활에 필수재가 되었다는 것을 기억한다면 나쁜 물과 공기를 계속 마시게 되면 신체 건강이 나빠지는 것처럼 좋지 않은 미디어들에 계속 노출되면 정신 건강이 나빠진다는 것도 알 수 있을 거야.
비슷한 이유로 방송통신심의위원회는 우리가 보는 모든 미디어가 건강하고, 안전하며, 교육적 가치가 있는지 확인하는 중요한 역할을 담당해. 그들의 노력 덕분에 우리는 좋은 내용을 보며 건강하게 자랄 수 있어. 이를 통해 우리는 사회의 건강한 구성원으로 성장하고, 더 나은 미래를 만들어 갈 수 있는 거지.

 초상권을 침해한다는 말을 친구들이 자주 하는데 초상권에 관해 자세히 알고 싶어요.

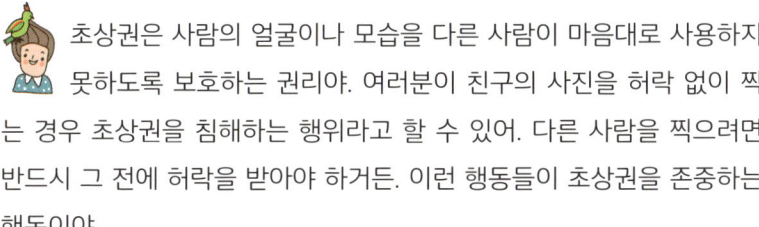 초상권은 사람의 얼굴이나 모습을 다른 사람이 마음대로 사용하지 못하도록 보호하는 권리야. 여러분이 친구의 사진을 허락 없이 찍는 경우 초상권을 침해하는 행위라고 할 수 있어. 다른 사람을 찍으려면 반드시 그 전에 허락을 받아야 하거든. 이런 행동들이 초상권을 존중하는 행동이야.

그런데 친구가 사진 찍는 것은 허락했기 때문에 그 사진을 내 맘대로 써도 된다고 생각하는 경우가 있더라고. 절대 안 되는 행동이야. 사진을 찍을 것을 허락한 것뿐이지 그걸 소셜 미디어에 올린다거나 합성해서 딴 곳에 쓰는 것은 별개의 행동이기 때문이지. 다른 방식으로 활용하기 위해서는 추가적인 허락을 받아야 해. 각 개인의 권리와 사생활을 존중하는 태도가 중요해. 그래야 서로 존중하고 배려하는 사회가 될 수 있는 거야.

 게임물 등급 분류는 어떤 기준으로 하나요?

 게임을 하기 전에 이용 등급을 확인하는 습관을 들여야 해. 게임물 관리위원회에서는 컴퓨터 프로그램 등 정보처리 기술이나 기계 장

치를 이용해서 오락, 여가선용, 학습 및 운동 효과 등을 높일 수 있도록 제작된 영상물 또는 그 영상물과 관계된 기기 및 장치 등은 선전성·폭력성·범죄 및 약물·부적절한 언어·사행성 등을 5가지 요소를 종합적으로 고려해서 등급을 분류해(https://www.grac.or.kr). 그리고 게임물을 제작 또는 배급하려면 제작 또는 배급하기 전에 모두 등급 분류를 받아야 해.

등급 분류 세부 기준

	전체 이용가	12세 이용가	15세 이용가	청소년 이용 불가
선정성	선정적 내용 없음	성적 욕구를 자극하지 않음	가슴과 둔부가 묘사되나 선정적이지 않음	선정적 노출이 직접적이고 구체적 묘사
폭력성 및 공포	폭력, 혐오, 공포 등의 요소가 단순하게 표현	폭력, 혐오, 공포 등의 요소가 경미한 표현	폭력, 혐오, 공포 등의 요소가 사실적으로 표현	폭력, 혐오, 공포 등의 요소가 과도하게 표현
범죄 및 약물	없음	경미한 묘사	간접적 묘사	구체적, 직접적 묘사
언어	저속어, 비속어 없음	저속어, 비속어 있으나 경미	저속어, 비속어 있으나 경미	청소년에게 유해한 언어 표현
사행성	사행 행위 묘사가 없거나 사행심 유발 정도가 청소년에게 문제가 없는 경우	사행심 유발 정도가 12세 미만에게 유해한 경우	사행심 유발 정도가 15세 미만에게 유해한 경우	사행심 유발 정도가 청소년에게 유해한 영향을 미칠 수 있는 경우